U0046309

高寶書版集團

# 逆轉人生的邏輯思維思

## 鍛鍊分析、解決問題、30天提升邏輯實力

崔正 著

陳光志 譯

New
window
新視野204

目錄 | CONTENTS

第三篇 |

## 30 天後你就會愛上我：把喜歡的人變成情人的關鍵祕訣

目錄 | CONTENTS

【作者序】

# 反轉人生的戀愛戰略

我是崔正。

會看戀愛攻略的人用腳趾頭想就知道是哪些人。一群為了戀愛而苦惱的人，因為有了喜歡的對象，想要好好談場戀愛，卻總是做不好而因此感到煩悶時，以抱著抓住最後一根救命稻草的心情，求助於戀愛相關的書籍。只要發現有心事被說中，或其中某些話讓人豁然開朗，就會買下那本書。有的則是聽了朋友的建議才購買，但總會質疑：「選了這本書就能提昇我的戀愛實力嗎？」其中十之八九都會說腦袋已經看懂了，可是卻無法心神領會，為什麼會這樣呢？

## 打破舊有的框架吧

目前市面上的兩性愛情書籍中，對於男女的心理分析，絕大多數的解釋都很籠統，對男女的優缺點說明也大同小異，只會說這樣做不行、那樣做不行等等。

事實上，出版了三本以上這種的書的我也是如此。我開始自我反省，在此想跟各位讀者朋友說抱歉，過去把男女的心理說明單純化、典型化、大眾化，反而遺漏了很多重點。我一直對遺漏的部分感到抱歉和可惜，這也是我為什麼要開始寫本書的原因。

## 讀者至上的戀愛攻略

我曾經報名專業補習班學習如何談戀愛，也曾在專門的網站上繳費學習如何追回已分手的情人，還接受過專業的愛情諮詢。這麼說來，我投資在研究愛情的錢，已經超過台幣數十萬元了。

為什麼要花這麼多錢呢？事實上我並不是為了要跟誰告白，也不是不懂怎麼談戀愛，更不是為了挽回已經分手的情人，也不需要所謂的愛情諮詢。我只是想要成為愛情寫作的這個領域中最頂尖專業的作家，想要突破以往書上所沒有的嶄新內容，寫出更實用、更實際的文章。

做為這個領域的作家，我要創造一個全新的神話。

「不要過於驕傲自滿，時時以謙虛的態度來學習。」

每次寫書的時候，我都把它想成「這是最後一本書」，

而且每字每句都要修到最好。只要有一名讀者因這本書成功虜獲他人的心，改變了他（她）的愛情，甚至改變了他（她）的一生的話，就是身為作者的最大榮幸。

# 第一篇

# 分析他和她的類型

## 專為現代男女打造的戀愛祕訣

對女人來說，

專心傾聽的男人最性感。

# 1. 男人的類型分析與攻略

　　為什麼就算是談過很多次戀愛的人，也會說愛情沒有標準答案呢？即使曾經跟許多人交往，但跟不同的人在一起，還是會有不同的感覺，因為和不同的人相處就像到了一個新世界一般。乍看之下相似的人，真正交往後還是會有截然不同的感覺，這種感覺會隨著過去 20 ～ 30 年來不同的經歷，內心的感受也因人而異。由此可知，對某人一定有效的戀愛技巧或祕訣，對另一個人來說可能完全無效。

　　這正是我想要強調的重點。

　　如同前面所提，市面上的戀愛書籍常會說男生是怎麼樣、女生又是怎麼樣，沒有加以細分，定義的方式千篇一律，尤其歐美人寫的文章特別明顯。

　　例如「男生的個性是這樣，女生的個性是這樣，所以女生應該對男生這樣做，男生應該對女生這樣做才對」。雖然這麼說沒有錯，但是也有很多女生具有男生的性格特質，反之亦然。

　　因此，除了探究基本個性之外，內在性格的某種特質比例是多少、價值觀為何，都會造成不一樣的人格特質。所謂知己知彼百戰百勝，先掌握對方的個性，再了解如何攻略才是最有利的。我 17 年間為了在情場中生存拚命掙扎的心得，並加上身經百戰後得到的體悟為基礎，就先從男生的類型開始分析吧。

## 陽光型男

陽光男通常可分成兩種類型，粗獷男跟型男。粗獷男的樣子不用說大家都知道，就是「只管自己的想法，外表很man、不修邊幅的樣子……」，這裡討論的當然是指陽光型男，最近的女生好像都不太喜歡粗獷男吧？

陽光型男擁有女生最喜歡的修長身高、寬廣厚實的肩膀、適當的肌肉量、良好的領導能力，有主見不優柔寡斷，個人風格顯著。此外，還具有紳士風度及幽默口才，這種男人中的男人，哪個女人會不心動呢？

女生本來就很容易被陽光型男吸引，就連自認為女權主義者、眼睛長在頭頂上的女生也不例外。從人類悠久的歷史中就可得知，女生容易被強壯的男生吸引，不知不覺地愛上他，只是一種本能反應而已。那種小弟傾心於「大哥的女人」的故事也不是平白無故而來，是因為勇猛的大哥身邊一定有個美麗女人。

在我國、高中的時候，團體中所謂的老大總是會有個漂亮的女朋友，也勾起你相同的回憶了嗎？

但是陽光型男有個致命的缺點，他們通常是典型的壞男人或花花公子。尤其戀愛經驗不多的年輕女孩容易被陽光型

男吸引，但是在交往過程中，卻無法創造出美好的回憶，為什麼呢？

因為他們實在太有男子氣慨了，反而使女人的存在變得可笑。

除了他們認定那些可以當成床伴、分享快樂或傾訴內心寂寞的對象以外，其他人無法了解他們真實的一面。他們沒有所謂另一半的概念，但被他們的魅力吸引，以為對方是真心愛她，卻在一夜激情過後就不再聯絡或男方的關心急遽減少，這樣的女生不勝枚舉。儘管如此，還是想知道如何才能虜獲陽光型男的心？要怎麼做才能把他變成我的男人呢？

方法其實非常簡單，陽光型男的攻略守則第一條就是：

**拋棄佔有慾。**

不管再怎麼喜歡也要忍耐，採取放牛吃草的方式就對了。千萬不要抱怨他不接電話，也不要問他為什麼不能常常見面，或是質疑他「是不是有小三？」、「是不是在哪裡風流？」等。最重要的是絕對不要在他工作、跟朋友聚會的時候，想要約束他或不體諒他。如果不夠善解人意，就無法抓

住他的心。雖然有人可能會質疑「這對其他男人來說不是也一樣嗎？」，但是對陽光型男來說，這是需要特別注意的地方。

一旦他因為這個女生而脾氣瞬間爆發，不論她之前有多體貼、做過多少犧牲奉獻，全部都會被拋諸腦後。對陽光型男來說，愛情是沒有什麼所謂累計分數的。

雖然不知道有多少女人想把這種人變成自己的男人，但這絕對是不容忽視的問題，因為很多女人深陷他們的魅力中無法跳脫出來。

那麼，只要拋棄佔有欲且願意理解他、為他犧牲的話，就能成為我的男人嗎？如果想徹底抓牢的話，最重要的是要懂得「適度的關心」。例如，他告訴妳星期六晚上七點有聚會。到了當天晚上六點三十分的時候，至少要給他一則這樣的簡訊：

「親愛的，你今天難得和很久沒見的朋友聚會，玩得開心點、好好的放鬆喔。我只有一個小小的提醒，就是不要喝太多酒喔～希望你今晚玩得愉快。」

希望各位記住，當他說有聚會的時候，並不是乾脆不打擾他就可以了。

「今天和某某朋友約好去喝酒。」

「嗯，我知道了 ^^」

千萬不能只有這樣回答。他告訴妳為什麼要去喝酒的原因？就是想得到女生的關心。男生的內心其實是在期待女友對他說：「不要喝太多酒要早點回來喔。」即使不會照作也是一樣。

女生們看到這裡恐怕會怒罵說：

「除了犧牲奉獻和理解之外，沒有其他可以對陽光型男用的戰略嗎？」

「什麼！？難道女生每天都得犧牲奉獻和懂他的心嗎？」

當然過度的犧牲奉獻和理解他，也會造成反效果。

## 除了多付出和理解之外，還要強調你是特別的男人。

「我從出生到現在從來沒有對一個男生這麼好、這麼為他著想過。但是不知道為什麼就是忍不住想要對你好，好像不這麼做不行一樣。」

像這樣子說看看吧。陽光型男是相當注重情義且有良心

的人，當他聽到這種話的時候，就不會輕易拋棄這個女人。迷惑女人對陽光型男來說是輕而易舉的事，把女人拐上床也不是什麼難事，但是肯為自己付出犧牲、凡事為自己著想的女人並不多，尤其現今社會中這種女人更是少之又少。陽光型男隨著年紀增長，一定會疼這樣的女人疼到骨子裡去。

## 潛力股男

　　戀愛經驗很少的男生可以說他是忠厚老實男，一般來說，老實有兩種，本書指的是「能力很好」但是沒有什麼戀愛經驗的潛力股男。他們常常出現在父母親安排的相親場合或婚友社中。雖然很有才華和專業能力，但可惜不懂女人在想什麼。不知道如何把自己打扮得很有型，不知道如何逗女生笑，不知道女生喜歡什麼，因而沒有女朋友的未開發男子。

　　也許有女生想問：「這樣的男人到底喜歡什麼樣的女生呢？」當女生年紀越來越大，就會覺得這種男生真是遺珠之憾。潛力股男只是因為缺乏勇氣，所以沒有什麼戀愛經驗，但是交往後就會發現，他很有潛力成為女生所期望的樣子。但是這種男生很容易被忽視，看起來沒有什麼戀愛經驗，想要多被關心的時候，就很容易讓女生小看了。但也不能因此掉以輕心。

**事實上，他們對於結婚的態度，反而比陽光型男還要更挑剔、更現實。**

　　為什麼會這樣呢？當一般陽光型男或花花公子感受到某

個女人的魅力時，他們習慣鎖定目標後主動出擊。但是潛力股男不一樣，即使他們感受到某個女生的魅力，也會想東想西、優柔寡斷。因為幾乎沒有什麼戀愛經驗，無法正確掌握女生的心和想法，所以不知道該用什麼方式追求才適當。同樣地，由於經驗不足而無法從「對女性的幻想」中跳脫出來，而考慮太多東西。

首先像是女生一定要很居家、要對男生犧牲奉獻、很懂男生的心等一般男生會有的想法。另外還要個性乖巧善良、外表要他看得順眼，所有大大小小的事情都要注重，這就是潛力股男的特點。他們為什麼會這樣呢？

潛力股男在 20 幾歲的時候沒什麼女人緣，當時的他們只要在女生面前就會變得非常內向害羞，但是現在的他們已經不再是以前的他們了。

30 幾歲的他們有了才華跟專業能力作靠山，在我們生活周遭也不難發現這種因為有才華之後，就從醜小鴨變天鵝的案例。

我的朋友活了整整 30 年，後來因為有了檢察官的頭銜，才在相親市場裡變成搶手貨。那位朋友變成婚友社的網羅對象，以及許多女生傾慕的對象，在短短幾個月的時間內，從

沒人氣的剩男變成風流倜儻的黃金單身漢。想要攻略這樣的潛力股男該怎麼做呢？

　　首先回想一下，沒有什麼戀愛經驗的他們總會對女生存有一些幻想。一般男生對女生會有的刻板印象和觀念，女生應該要有的行為、女生應該怎樣說話……妳必須成為這樣的女生。

## 成為男人幻想中的女生吧！

　　雖然也有個性或行為很男性化的女生，但是老實說這樣的女生讓男生很倒胃口。即使有男生會被這種女生的魅力所吸引，絕大多數還是會在面對要結婚的現實時消失殆盡。如果妳是這樣的女生，我就直接了當地請妳隱藏或改變這樣的個性吧。不這麼做的話，很難將潛力股男變成妳的愛人。即使他抱著愉快的心情的投入這段戀情，但會在決定性的瞬間吶喊：「雖然我很喜歡妳，但妳絕對不是結婚的對象啊～～～」這是什麼意思呢？潛力股男純粹只是看長相或身材，覺得可以交往而交往，因為八字合得來，可以達到某種程度的滿足，才讓關係持續下去。但是只要一想到要結婚，

這個女生絕對不在候選名單上。他隨時做好跟這個女生分手的準備，甚至心裡就有另外一個女人也不一定。

潛力股男還有一個特點，就是有種想從女生身上得到補償的心理，「我為了追到妳，不知道有多辛苦……，我為了妳，不知道多努力……」。這是和陽光型男或花花公子不同的地方，陽光型男很容易吸引女生，因為他們碰過很多類型的女生，對方是哪種類型的女生、自己做某些行為的時候，女生會有什麼反應等，大致都可以猜到。像這樣用適當的策略接近女生，很容易就可以虜獲女生的心，因此就不會有想要獲得補償的心態。但是年過三十都沒談過戀愛的潛力股男就不同了，過去都是單戀的潛力股男，身為男人至今才開始真正享受被女生認可和追求的感覺，因此想讓那段過去的悲傷歲月一起被認同的想法，會不斷浮現在腦海中。再加上擁有專業的工作或是一般人認為的好職業，必然會時常出現想要獲得認同的欲望。女生要是不明白這一點，就得不到潛力股男的青睞。

## 心思細膩男

世界上有很多這種男生。雖然一般人認為男生不能優柔寡斷要當機立斷，要講求速度且有處理事情的能力，要有寬厚的心胸去包容女生等，但是這種男生卻越來越少，為什麼呢？因為男女的分別越來越模糊的緣故。

現代家庭的結構已經邁入核心化幾十年了，每個家庭都只生一或兩個小孩，以至於產生過度保護小孩的傾向。近年來，很多 10 幾或 20 幾歲的男生像溫室裡的花朵一般，在父母細心呵護的環境下長大。雖然大部分的心思細膩男在這樣受到保護的中上階層家庭中成長，但是他們仍然有自己的一套人生哲學。不過我所說的心理特質，已經超越一般男生的範圍了，他們常常是同時具有男女的特質。

**因此，也可以說心思細膩男是「像女生的男生」。**

只看戀愛專家、男女心理學家書中寫的男生心理特質，根本無法正確掌握心思細膩男的心裡在想什麼。

「男人本來就是這樣的動物。」完全不行用這樣的觀點來解釋，因此喜歡心思細膩男的女生可能會有以下的疑問。

「他到底為什麼會這樣子呢？」

「怎麼會有男生的心比女生還複雜呢？」

「這個男的會不會是 gay 啊？」

無法猜測也不單純的複雜男子，他們經常會隱藏自己的內心。即使對女生的某些行為不滿意或不悅也不會輕易表現出來。在面對女生焦急的提問時，他們的一貫作風就是沈默不回答，也是話很少的「沈默男」。一旦愛上心思細膩男的話，要怎麼攻略才好呢？首先面對這種類型的男人，有一個一定要問的問題：

## 「○○討厭什麼樣的女生呢？」

不知道他喜歡什麼，反而知道他討厭什麼的話，更能夠確實了解他是什麼樣的人，現在正可以採用這種方法。

「真的很討厭這樣的女生。」必須要讓他坦白說出心裡話。

曾有某個女生參加聯誼或相親，當下氣氛相當融洽並愉悅地用餐到結束，對男生的印象也還不錯，那個男生好像對自己也有好感。但是一兩天後、一星期後、甚至整整一個月

後都沒有任何聯絡。這故事的男主角正是心思細膩男。

　　心思細膩男的這種反應很明顯地就是對這位女生沒有好感，可能是她講了一堆很難理解的聊天話題，也可能單純只是不喜歡她的外貌。很多女生就會產生這樣的疑問：

　　「為什麼他明明不喜歡我，卻又讓氣氛很熱絡，也很顧慮我的心情好壞呢？我們當天甚至還去續攤了。」

　　對於女生的驚慌失措，我只能強調「不是一開頭就說了，他們就是像女生一樣的男生啊」，這類男生的溫柔體貼已經是渾然天成的習性了。女生也是這樣啊！就算不喜歡聯誼或相親的對象，還是會考慮到男生或介紹人的立場，在禮貌上還是會聽對方說話並微笑以對，不正是所謂「體貼」的表現？因此，可以當作他們有 60% 的特質和女生一樣。

　　心思細膩男的人際關係通常是封閉式的。他們會圍起自己的一道城牆，可以進到城牆內的人，他會非常的照顧那個人，甚至到掏心掏肺的程度。他們即使在工作的專業領域中交遊廣闊，真正能交心的知己朋友也是少數而已。這表示什麼？表示只要能夠進到那道城牆內，關係通常都可以維持很長久。

　　因此，萬一心思細膩男剛開始沒有很積極追求妳的話，

也不要感到失望，因為他絕對不是討厭妳才這樣。不過，如果妳是他的理想型或對妳一見鍾情的話就另當別論，他可能會有不一樣的行動。撇除這種特例，如果他對妳沒有不好的感覺，對待妳的態度僅只於平淡而已，要怎麼做才能把優柔寡斷的他變成我的男人呢？假設以女生的眼光來看，他真的是很不錯的男生，建議妳可以果敢一點並採取積極的行動。常常跟他聯絡、問他過得好不好等等，多做一些關心他的話或行為。

雖然初次見面後，他沒有什麼積極的行動，但是先喜歡他的妳可以主動聯絡，打幾次電話或傳 Line 訊息，若有回覆的話，第二次見面絕對會是關鍵。第二次見面時一定要有引起他興趣的地方，例如衣服、化妝、語調、動作等，必須要散發女性的魅力。在第二次見面之前，最好先透過 Line 打探出他喜歡的形象和類型，以利事前準備。萬一還是沒辦法讓他對妳感興趣的話，之後可能很難維持聯絡，更別說見面了。

最後再給一個提示：

**比起個性或興趣，心思細膩男更容易被和自己一樣的女生吸引。**

　　他們個性有條不紊而且擅長整理收納，妳必須表現出也是這樣的女生。即使個性不是這樣，表現出來的行為也得像這種女生。為什麼？

　　心思細膩男因為自己的個性太過敏感、太龜毛或者是好惡分明，所以不喜歡被別人評論。他沒有辦法承認、也沒有辦法拋棄自己多年來養成的壞個性。他相當重視約定，加上像刀一樣銳利的個性，所以絕對不能遲到。如果已經約定好「可以這樣做，不可以那樣做」的話，遵守約定對他來說也很重要。

## 草食男

「如果第一眼不覺得這個女生漂亮，即使再見個一百遍一千遍，男生也很難喜歡她；只要是他看上眼的女生，不管怎麼樣都會想盡辦法表現出來。」

這是一般男生的第一個心理特徵，難道沒有例外嗎？雖然書上這樣寫，但事實上，在我們的漫長的人生中，還是會遇到很多例外的男生。他們發現不錯的女生不會積極展開追求，就算喜歡也不會告白。但他會約妳見面也會保持聯絡，而且會讓人感覺到比一般標準再多一點的關心，讓女生陷入進退兩難的困境。

「那個男生到底是喜歡我呢？還是在試探我？」

妳已經表現出如果男生積極的追求就會接受，但是他的態度卻相當平靜冷淡，讓妳焦慮到快要被逼瘋的境界。如果女方主動追求，又覺得傷了自尊心，無計可施，自己一個人反覆苦惱著。

「愛情啊愛情，真是折磨人啊！」

我每天不知道要收到多少封像這樣陷入困境的女生寄給我的諮詢 E-mail，這個時候我會這樣回覆她們。

## 「世界上確實是有不會主動告白的男生。」

當我這麼說時，很多女生都會感到非常驚訝。她們從以前到現在的戀愛經驗中，都是男生先主動向女生告白後交往的。如果是長得還不錯的女生，肯定聽到過好幾次「我喜歡妳」這樣的告白。就算沒有直接說「我喜歡妳」、「我們交往吧」之類的話，但是根據那些積極的行動、眼神或行為，可以很明顯的看出來他喜歡這個女生。但是這類型的男生跟以往認識的男生不同，真的令女生非常苦惱，這就是草食男。為什麼如此的被動謹慎呢？是對自己沒信心嗎？不確定女生是否喜歡自己嗎？雖然有男生是因為這兩種原因而變得被動，但是這種「沒有能力的草食男」並不會得到女生的關注。

反之，他工作穩定、長相不錯、身高又高，雖然表現不是很積極，但是確實對我有意思，即使如此也不會告白嗎？舉例來說，常常見面看電影、喝酒、吃下午茶，該做的事都做了，卻不主動牽我的手？女生就會開始疑惑，並且向我求助。

「不喜歡我的話，為什麼要跟我約會？」

「為什麼不牽我的手呢？」

我只能再次奉勸這些女生：

「因為這類的男生沒有主動追求女生的經驗。」

女生肯定會反問：

「他明明就有過好幾次的戀愛經驗啊！」

假如他不是那種沒有能力、不上進又長相醜陋的男生，任誰看來都是一個暖男，有著正常的工作，在職場上能發揮自己的實力的話，更會有這種表現。有句話說：

**「真正長得帥的人跟真正有能力的人才不會是花心大蘿蔔。」**

為什麼？因為這類型的男生就算不花心思主動追求，女生也會自動靠近。他們只是打從心底認為沒有必要費盡心思吸引女生罷了，也沒必要去學吸引女生的方法和技巧。對他們來說，從出生開始只要付出真心誠意，戀愛自然而然就會找上門。既然如此，要怎麼做才能和草食男更進一步呢？方法其實很簡單：

**交換男女的立場吧！**

　　只要把一般戀愛初期男生扮演的角色換女生來扮演就可以了。先約他見面、先說我喜歡你、先釋出關心就可以了。這麼一來，他在感情上獲得滿足就會有所答覆。假如他喜歡這個女生，自然就會變成情侶關係，不用想得很困難。但這時候肯定會有女生提出質疑：

　　「女生先說喜歡、先告白的話，男生不是比較不珍惜嗎？」

　　但這是指一般男生，所以還要注意一點，就是藉由婉轉的問答來判斷他是不是這類的男生。這種男生和一般男生相比，只有不到百分之十的男生特質，不管本質或本能上都和一般男生截然不同。越快知道他過去戀愛的模式，就能越能找出答案。他是那種沒做什麼女生也會主動靠近的類型嗎？他是那種高高在上無法靠近，卻經常受到女生關心的男生嗎？還是大家都覺得他很有魅力又有能力？答案如果是肯定的話，就是草食男沒錯。

## 舊愛最美男

　　一般來說，女生不會想念已經分手的前男友，男生卻很容易想起前女友。主要是因為女生的利他主義 [1] 所產生的現象；而男生則是分手之後才深深領悟到前女友有多麼體貼。我也曾有過無法忘記前女友而成為花心男的時期。但是有種類型的男生的情況更為嚴重，就是這裡要介紹的舊愛最美男。

　　這類的男生為什麼無法忘記前女友呢？

　　請想像一下以下的場景。有個男生帶著新女友到餐廳吃烤肉，緊張地和新女友一起邊吃著好吃的烤肉邊聊天，氣氛相當愉悅。雖然很高興但是不知道為什麼心裡就是覺得少了什麼而有點落寞，雖然不知道到底是什麼，但是就是少了2%的感覺。幾經思考後，發現不足的2%就是分手的前女友。前女友在吃烤肉的時候，總是會把配菜和肉用生菜包好，然後給我吃。要是新女友知道男生這麼想的話，肯定很驚慌失措。

　　「還沒見幾次面，就要餵他吃東西，是不是有點太 over

---

1　是一種無私的為他人福利著想的行為，在道德判斷上，別人的幸福快樂比自己的來得重要。

了？」

但是這種類型的男生，不只是一片烤肉，一碗味噌湯也能讓他想起前女友。不論是他甩了對方還是被甩一點都不重要，他腦海中已經深深烙印著那女生對他有多好的回憶。

這些回憶會在約會的各個時候不斷地冒出來。看電影的時候，餵男友吃爆米花的模樣；載她回家後，揮著手叫男友趕快回家的模樣；情人節的時候，送男友親手做的巧克力的樣子，發生關係時只穿著內衣的樣子等等。

**這類的男生在戀愛的每個瞬間都會湧現前女友的模樣。**

特別是對自己越好、交往時間越久，這種情況就越嚴重。如果將新女友跟前女友比較，情感跟投入程度相差甚遠的話，他會有什麼想法呢？

就算喜歡新女友的新鮮感，但眼裡卻只看到她的缺點，其實新女朋友沒有不好，並非不漂亮或做錯什麼。那麼，要怎麼做才能接近無法忘懷前女友的男生呢？即使是已經交往中的狀態，但因為前女友實在是太優秀了，而把她變成比較的對象；要是還沒開始交往就喜歡上這個男生的話，要怎麼

辦才好？

　　如果是他主動接近妳就沒有煩惱的必要，但不是的話要怎麼做？

　　要是他沒有主動示好，就表示妳沒有比前女友好，就算這樣還是無法放棄呢？首先，要有以下長期抗戰的心理準備。

**這種類型的男生其實很薄情。**

　　只要是他喜歡上的人就不會輕易忘記，也就是說要被他喜歡不容易，但只要喜歡上了就會維持很久。常找他出來輕鬆自在地吃頓飯也好，喝杯咖啡也好，都要持續不間斷維持聯繫。

　　還有一個關鍵，不管妳多喜歡他，絕對不能讓他對和妳見面這件事產生反感。

　　萬一妳主動追求他時他沈默不答，或是感覺到他故意迴避的話，不管妳再努力都一樣會屢戰屢敗，遊戲到此結束。為什麼？

　　這種情況並不是他還無法忘懷前女友，而是他根本就

對這個女生毫無興趣。講白一點就是妳重新投胎下輩子再來吧！假如他對妳有一點好感的話，就要經常見面了，但還是要做好長期作戰的心理準備才行喔。

## 必須要知道他最喜歡的類型和最討厭的類型。

兩種都知道的話才能抓住這個男人。

每個人的心中都會有一道圍籬，裡面就是自己堅不可摧的想法。雖然只有 20 幾歲，但多少悟出了自己的一套人生哲學，因此不能否定他在過去經驗中養成的女性觀。他是經歷過深刻戀情且嚐過戀愛滋味的人，如果想要把他變成妳的愛人，就得表現出妳比前女友還要多的優點。

# 2. 女人的類型分析與攻略

　　那是我 25 歲時發生的事，即使過了十年以上，這件事帶給我的衝擊至今依然記憶鮮明。自從 19 歲談過戀愛之後，我就抱著「學習」的心情讀遍各式各樣的愛情攻略，然後臉不紅氣不喘地說出「我要征服世界上所有的女人」這種話，這就是二十幾歲的我。雖然現在想來覺得很丟臉，但是誰沒年少輕狂過？

　　像這樣過著放浪不羈的生活，直到我遇見了她。在我眼中真的是美麗又可愛的女人。我把這段期間練就的技巧作為基礎，融合後「套用」在她身上，一切就像在我掌握之中順利進行。當時自信滿滿的我沒多久就定好日子跟她告白，但是她的回答卻出乎我意料之外。

　　「這種方式可能對其他女生會有效，但對我是行不通的。」

　　那天以後，我就獨自躲在房間角落裡痛苦地哀叫著，難受得簡直長水疱還要痛苦。思考著到底哪裡出了問題？是不

是哪裡做錯了？

　　我誤以為所有的女生都適用同樣的方法，才會把用在別的女生身上成功的方式，毫無考慮地用在她身上。我忘了每個人的興趣、想法都不一樣，一心一意認為「因為是以前曾經成功的方法，所以對她應該也有效吧。」帶著的這樣的想法追求她，忽略了可能會是我人生另一半如此「特別」的她，會有和別人不一樣的反應。

　　從此之後，我開始分析和了解不同類型的女生。

　　將近十年的時間，我和女生邊約會邊了解她們的過程中，發現女生真的是形形色色，種類很多。每個女生都有自己的特性，即使僅是粗略地劃分，也會超過一百種。由於無法一一說明，先刪除了少見的類別，再整理出五個類型，大部分的女生都可以歸類在其中。只要正確掌握這五種女生，就可以輕易搞定你要的人。

## 冰山女

冰山女是一般男生在聯誼或相親時最常見的類型。

這類的女生就是不常笑、沒有什麼反應，對男生不特別積極、也不挑剔，讓人感覺很高傲冷酷的樣子。冰山女一開始表面上看不出來有什麼反應，一旦她心裡做出評斷不想認識這個男生的話，立刻就會關上心中的那道門。如果一開始就錯失機會，之後想要再抓住就會非常相當困難。

再加上冰山女就算討厭也不會顯露出討厭、喜歡也不會表現出喜歡的樣子，完全無法從表情來判斷她有沒有好感。不過，這類女生很瞭解如何隨著男生的行動表現出適當的笑容跟反應，碰到真心的問題，她就真心回答，遇到玩笑的問題，她就會開玩笑地回答。簡單來說，就是有基本的待人禮儀又不違背冷酷的個性。要怎麼做才能贏得她的芳心呢？

冰山女是典型「女人中的女人」，她們追求的只是基本的戀愛罷了。她們希望男生先主動靠近，積極地引導她並發揮幽默感，她們的口頭禪之一就是：

「先看看他做了什麼再說。」

　　這句話的意思就是「男生都沒有表示了，為什麼我要？」充分表現出她的傲氣。雖然表面上這樣說，但是天生就很女人的「冰山女」內心的真心話是：

**「只要你叫我的話，我就會過來。」**

　　如果她沒有當面說討厭並拒絕你，即使假裝得有點冷酷，但還有一點保留空間的話，就可以當作她已經對你敞開心防了。只要男生積極進攻，她們的心防就會漸漸打開。還要特別注意幾個「陷阱」。第一就是即使不喜歡這個男生，還是會試著多見幾次面，這就是她的「慎重感」。

　　如果是處於「不討厭也不喜歡」的狀態，她會在再見面的過程中，再三考慮自己是否該再多放感情，就是一段在不討厭也不喜歡的狀態下持續見面，她們這樣的態度，對某些男生來說只是一種希望渺茫的折磨。必須要正確地判斷她是不是真的喜歡。事實上，如果她一開始就沒什麼感覺，就算見第二次、第三次也很難有太大的轉變。

　　第二個陷阱就是她的「變幻莫測」。一開始好像沒什麼感覺的樣子，見了幾次面之後，臉上開始出現笑容，也會互

相開玩笑了。由於她行為的改變，會讓很多男生有「這女生是不是也喜歡上我了呢？」的錯覺。其實這只是因為稍微跟冰山女變熟，她就會變得親切一點罷了。冰山女一開始會因陌生而對對方持有明顯的警戒心，但隨著見面次數增加，就會漸漸敞開一點點心防。

冰山女也很了解自己的這種特性，即使對方不是非常好也沒有壞到哪去的話，就會試著見面看看。那麼，她對我親切是有好感還是單純的解除警戒，要怎麼分辨呢？讓我告訴你一個簡單的方法：

### 先潛水觀察吧！

首先，冰山女還不到「漁場管理[2]」的程度。那些喜歡搞「漁場管理」的女生不管面對誰，都會在男生一兩天沒有聯絡的情況下，主動傳 Line 訊息、要求見面，甚至直接打電話。但是，冰山女絕對不會主動聯絡不喜歡的男生，想要知道她的想法，就暫時兩三天不聯絡，萬一她也沒找你，就表

---

2　韓國流行語，表示同時和身邊多位異性維持曖昧關係，每個人都是備胎。

示她對你一點興趣都沒有，只是因為你說要見面才見面、你
聯絡她才回覆你。怎麼樣攻略冰山女呢？想得簡單點吧。

## 一定要在第一次見面就決勝負！

有關第一次見面的要領，後面的篇章會再詳細說明，這
裡要強調的是：不要吝於投資。

萬一在聯誼上遇到喜歡的冰山女，至少在當天要使出渾
身解數表現到最好。還要在自己能力所及範圍內，帶她去氣
氛最好、受女性歡迎的地方。即使對初次見面的男生沒什麼
特別的感覺，但往後的行程中，如果表現出一定的品格和教
養的話，冰山女至少會再多給你一次機會。如果想獲得那個
機會，招待她到氣氛好的地方享用美食是理所當然的，還有
別忘了要預約。

如果是我遇到這種情形，我會先找好幾個餐廳做口袋名
單預備著。點餐的時候要點沙拉跟主餐兩份，另外加點一瓶
順口的紅酒小酌一杯。如果她對紅酒不太了解的話，可以點
一般受女性喜愛、口感較甜含氣泡的蜜思嘉白酒。像這樣精
心安排用餐的話，還需要準備什麼話題呢？已經沒有什麼好

準備的。

## 展開積極的攻勢吧！

　　這不是叫你直接大聲說我喜歡妳、我對妳有好感之類的。「一直以來都是喝完咖啡就離開了，像這樣如此有話聊，還真的是第一次呢！」

　　這樣可愛的誇飾法也無所謂。這種冷酷高傲的女生，對於特別對待自己的男生，會從他的所作所為中感受到他的真心並相信他。男生帶去的餐廳、在那裡說的一句話，藉由這些細微的小事，讓她確定自己是獨特的，並且開始信任這個男生說的話。相反的，無法做到這些的男生，絕對無法獲得她的青睞。

　　「兩個人吃飯會不會太多？喝紅酒太誇張了吧？」

　　如果你抱持著這種想法的話，那放棄冰山女去找別的女生比較快。當然沒有必要每天都吃請她吃大餐，但是對這種女生來說，第一印象是最重要的事，請謹記在心。如果是真的很喜歡的對象，為了讓她印象深刻，這種程度的付出絕對不能覺得可惜。

## 傲嬌女王

　　傲嬌女王通常是一位美麗的女子，更準確地說應該是刺激男性本能的女子。擁有眾多追求者，她的魅力大到即使是追不到她的男生也一樣會死心踏地地愛慕著她。女生們一定羨慕地認為「要是我的父母能生給我如此美麗動人的外貌不知道有多幸福呢！」，但是這種類型的女生一點也不幸福，為什麼？

**釣竿周圍太多小魚，反而大魚上鉤的時候會不小心放掉。**

　　傲嬌女王女對乖巧、不擅長戀愛的男生來說就像墳墓一樣，但是對玩咖、愛使壞的男生來說卻像是天使般的存在。為什麼這樣說呢？傲嬌女王清楚知道自己要的是什麼類型的男生，她們不擅長玩「漁場管理」那一套，喜歡就是喜歡，討厭就是討厭，初次見面，從 30 分鐘的對話就能得到答案，馬上就能決定要繼續見面或結束。冰山女就算不特別喜歡這個男生，如果乖巧或很照顧她的話，就會給他幾次機會，但是傲嬌女王是連一次機會都不給。不過，傲嬌女王屬於積極追求自己喜歡男生的類型，這裡講的「積極」不是指直接說

「我喜歡你，我很欣賞你」，是指把喜怒哀樂全寫在臉上。

　　傲嬌女王挑選男人的標準就是自己的眼睛。一般來說是比普通男生好一點的程度，但這些男生大部分是花花公子的類型，其中不少是看起來像陽光型男的樣子。

　　這些男生具有一定水準的身高和身材，穿著打扮很有型，說話也很幽默風趣，絕對有辦法把女孩子迷得團團轉。事實上他們的長相並非那麼重要，演出電影《妻人太甚》（내 안내의 모든 것）中花花公子一角的柳承龍很帥嗎？即使長相比柳承龍還要醜，只要沒有醜到令人想吐的程度就夠了。重要的是要有領導能力、充滿自信及男性魅力。傲嬌女王喜歡幻想自己先墜入情網，並且沈溺在戀愛的氛圍當中，這樣的她們對霸道的男生相當沒有抵抗力。理由是什麼？

　　深入探究她們的內心世界，多半會發現她們內心有男性的特質和想法，但幾乎沒有發揮這樣特質的機會，取而代之，遇見了這樣的男生時，就會想盡辦法征服他們。

　　她們是好惡分明且相當自負的傲嬌女王。如果你不是極具魅力的花花公子，可能很難吸引這種女生。如果你還是想挑戰這樣的女生，建議不要太過莽撞、太過強勢，先從她們脆弱柔軟的心開始進攻吧。

　　假設你在聯誼或相親時遇見了傲嬌女王，但你又不是有魅力的花花公子型男生，她對你反而是瞭若指掌，兩人聊天的話題也只是冷冷地回應，這種情形下，千萬不要想著非要把她變成女朋友不可。

**相反地，要以當朋友為前提或先成為她的哥哥或弟弟，**
**以這種心態去接近她比較有效果。**

　　我不是要你積極地表現出當朋友之類的，只是讓她可以自在地說話，並且有耐心地聽她說話，總而言之，先讓她認為你是「好男人」，得到初步的進展。出乎意料地，傲嬌女王個性相當孤僻，如果可以先成為知心朋友，未來說不定會有意想不到的收穫。如果一開始就以追求者的身分靠近的話，百分之百會變成拒絕往來戶，或告訴你不要再聯絡之類的話，一旦聽到這句話，就代表你已經出局了，連再次見到她的機會都沒有了。

## 八面玲瓏女

即使是初次見面的男生，一樣會給予燦爛笑容的她，當男生一句接著一句說話時，她會顯露出好奇心，全身上下釋放出大量的信息表示很感興趣。她聽到對方說話的反應是用力拍手叫好或發出咯咯的笑聲，她就是八面玲瓏女。

男生很難不對這種女生著迷，尤其是沒有什麼戀愛經驗的男生，很容易就跟八面玲瓏女對上眼在一起了。怎麼可能不上鉤？因為我說的話而笑得這麼開心，從來沒有女生會關心如此不起眼的我，現在坐在面前的這個女生不正是在呼喚著我嗎？於是，這種男生就很容易在當下就愛上八面玲瓏女了。他深信她對自己有好感，甚至認為人家喜歡自己，和她越來越親近之後，這種想法就更深信不疑，因為這種女生會很自然地和男生肢體接觸。當然不是說主動接吻，但是容易會有類似勾手臂、喝完酒會勾肩搭背、碰手、拍肩膀等行為。當男生看到女生這樣的表現，就會充滿自信地向她告白。

「那個……我喜歡妳。」

但她的回答呢？

這種事情她們經歷過很多次，為了不傷男生的心，通常會這樣說：

「喔……我也很喜歡哥哥呀！但還不是男女之間的那種喜歡……，我們先維持好兄妹的關係就好了。」

這句話需要用螢光筆標註並好好深思的關鍵字就是——「還不喜歡……」

讀到這裡，肯定有很多男生會覺得似曾相識。這句話很容易讓人產生「只要再努力一點，就有機會把她變成我的女朋友」的錯覺，這真的就只是錯覺而已。為什麼？她只是不想讓你受傷害才會說得如此婉轉，把話說得好聽一點而已。你知道八面玲瓏女的最擅長的是什麼嗎？

**她們是唯一喜歡「漁場管理」的類型。**

一旦跟她聯絡過幾次、約過會的男生突然斷了聯繫的話，她就會主動聯絡。

對話內容大概是這樣：

「你是不是對我感到厭倦了呀？」

「怕你忘記我才打給你的，最近還好嗎？」

「你最近好像很忙喔？我在等你的電話說……」

把這種情形告訴戀愛專家，大部分會得到以下建議：

「如果女生這樣說，代表她對這個男生有好感，稍微再努力一點的話，就有機會追到她。」但萬一她是八面玲瓏女呢？大概會有截然不同的答案出現。她絕對不是因為對你有意思才會說這樣的話，她只不過是在搞曖昧養備胎罷了。

　　漁場管理需要做許多努力而且要養成習慣才有可能成立。換成冰山女或傲嬌女王，叫她們搞曖昧這套也行不通，正確來說不是「不做」而是「做不到」。但是八面玲瓏女的搞曖昧經驗可是多不勝數，無論是不是基於本人的意願，她們對於搞曖昧這套可是用心經營且相當熟練。這樣的話，要怎麼攻略八面玲瓏女呢？說實話，八面玲瓏女沒有什麼特別的攻略祕訣。以目前為止的經驗來看，倒是得知了一個事實。

**八面玲瓏女遇見喜歡的人，會自己主動接近對方。**

　　因此，就要想辦法讓她主動靠近，該怎麼做呢？事實上，男生能做的不多。因為不管男生採取什麼行動，解鎖的鑰匙還是在女生手上。不過，有個男生一定要做的基本功。

**讓她覺得你是一個會站在女生立場替她著想的男生。**

　　舉例來說，關於男女約會費用的討論，就可以這樣說：

　　「男生想見女生所以找她出來，但是卻叫女生出約會的錢，這樣像話嗎？女生為了跟男生見面花了一個多小時化妝打扮，約會費用當然是男生出才合理呀！」

　　就是要適當地站在女生的立場，說一些她喜歡聽的話。

　　「最近應該沒有不做家事的大男人吧？一起做家事是理所當然的啊！男生跟女生都在上班工作，如果還把家事當成女生的責任，真的是很不應該。我很會做菜也很會洗碗喔，要不要吃看看我做的料理呀？」

　　像這樣的內容就會讓八面玲瓏女對你有相當好的印象，並深植在心中。雖然這對其他類型的女生也一樣管用，但因為八面玲瓏女身邊有太多具威脅性的男性友人、同性朋友、公司同事等，有很多可以比較的對象。如果想要在她心中被分類成不錯的男生的話，就要站在女生的立場說話，誇張一點就是要變成女性代言人。如果是為了要追到她，就算是說謊也放膽說吧。只有這樣做，才能讓她覺得你有別於一般平凡、保守固執的男生，並對你有特別的印象。

## 四次元女

　　最近很流行「塑造自我形象」，就是創造出符合自己個性、興趣、外在條件等的形象，為什麼很重要呢？因為外表跟本人的實際個性或說話方式不一致的話，就難以獲得他人的認同。我們偶爾發現有些女生的形象跟實際個性有很大的差異，通常會稱她為四次元女，並非是指她們「長相不好看、個性迥異」，只是形容她們天生個性跟形象非常不搭而已。

　　「不管妳去哪裡，只要乖乖閉上嘴巴不說話，肯定有很多男生主動來追妳。」

　　「不管妳去哪裡，不要搞怪的話，男生一定都會喜歡妳。」

　　她們常會聽到女性朋友這樣勸告她們，以男生的立場來看，如果遇到上述的類型，或是更誇張的女生，就會說她是四次元女，而且各式各樣的情形都有。有些是裝成冷酷高傲的樣子，實際上是單純天然呆；有些是外表看似傻傻不拘小節，認識之後才知道原來非常死心眼；平常看起來溫柔和順，突然間變成很有自己的意見、好惡分明的女生；雖然穿著打扮很性感，但卻抱持傳統時代的守貞想法。

　　要怎麼用一句話來形容呢？就是當你看到某個女生的時

候，本來有「啊！這個女生是怎樣怎樣」的想法，卻突然破滅崩塌的感覺。

還有一種情況也很常見，明明長得很醜又沒有自知之明，每次遇到她的時候，氣氛總會降至冰點，讓我無所適從，不知該如何反應。

「不覺得我很性感嗎？」

「我很可愛吧？」

她們不但有自己的一套想法跟人生哲學，當她認為這是客觀事實的時候，就會逼迫周圍的人給予肯定、認同與讚美。但事實上就是個自我感覺良好、活在自己世界裡的四次元女。

## 她在公司或同儕間常常是孤獨一人。

人際關係好的人，自然比較擅長談戀愛，畢竟男女關係也是人際關係的一種，和他人溝通有點問題的四次元女絕大多數是獨生女。看到這裡，可能會有男生問我為什麼要攻略這種女生呢？說實話，一開始我對這類女生也沒什麼特別好感，覺得沒有必要為此煩惱，但是在經營部落格「瘋狂戀愛」時，藉由和許多讀者的對話及訪談中，漸漸發現四次元女的

魅力所在。

## 四次元女有一種單純天真的魅力。

　　本來心腸柔軟、乖巧溫順的人，就比較不懂如何表達自己的意見，因此常獨自悲傷感到疲累；我明明不是這個意思，卻被大家誤會的時候；說出的話如覆水難收抱著戰戰兢兢心情的時候。任何人看了都會覺得這些是四次元女經常遇到的情形，當她們遇到這些情況時，總是會呆呆站著一邊後悔地搥胸一邊嘆氣。

　　那麼，最適合四次元女的是什麼樣的男生呢？就是感情豐富的男生。如果問男生「怎樣才算感情豐富？」，他們似乎不太理解。而提到女生會喜歡的男生，也不能遺漏這種類型。雖說女生可能也喜歡有錢的男生，但如果能力差的話，就不能算是個男人。只要男生的想法和自己頻率相同，又可以互相理解包容，女生就很容易陷進去。

## 與其去高級餐廳吃飯、凡事設想周到，更重要的是「感情豐富」。

要怎麼樣對團體中孤獨一人的四次元女表現豐富的感情呢？要追到四次元女其實並不難。只要眼睛直直地盯著她瞧，用真摯的表情靜靜地欣賞，就算是贏得她的芳心了。我曾經和四次元女約過會，第三次見面是一個喝酒的場合，在酒酣耳熱之際，我隨口問了一句：

「○○小姐，妳看起來好像很累的樣子。」

聽到這句話後，她忽然在我面前哭了起來，她潸然淚下的樣子，至今仍令我印象深刻。我就這樣看著她痛哭失聲，讓她好好大哭一場，直到她停下來，默默遞了手帕給她。不知過了多久，她的眼淚漸漸停止，這時我再次開口說話：

「有什麼事可以跟我聊聊，雖然不知道能不能幫得上忙，但至少說出來心裡會舒服一點。」

說完之後，她便娓娓道出那些令她傷心難過的事，我在一旁頻頻點頭表示感同身受，並在她說到有多辛苦、多難受的時候，給予適當的反應跟動作。那天之後，她就成了我的女朋友。

這裡提到的「感情豐富」並不僅限於四次元女，事實上，所有類型的女生都希望男生這樣，值得所有的男性讀者參考。

## 宅女

　　超級怕生、只跟熟人見面、不積極接觸新事物、沒有交男朋友的意圖，以上是宅女的基本特徵。即使是把「追女生是最輕而易舉的事」這句話掛在嘴邊的我，也覺得這種女生很難追，所以我最討厭宅女了，因為追求她們真的要花很多時間。

　　這種類型的女生也包括常說的魚干女，下班、假日的時候就賴在家裡睡覺的女人。不喜歡跟人來往，好朋友就只有寵物，喜歡喝啤酒配烤魷魚、毛豆的女人。這樣的魚干女和宅女主要是 30 歲後半段的上班族。

　　往返於公司跟家裡就佔了她們日常生活的絕大部分，如果硬要加上其他地方的話，頂多就是週末會和家人、老朋友吃飯，或為了運動去健身房、上瑜伽課這樣。

　　宅女的特色就是即使沒有男人，也覺得自己的人生相當美滿。過去曾經談過一兩次戀愛，卻沒有結婚，從此之後就只專注於自己的工作，她們多半都會有幾個可以分享喜怒哀樂的朋友，因此沒有男人也不會特別覺得遺憾。

　　不管什麼類型的女人總會有弱點，宅女的弱點就是「孤單」。距離上一次戀愛至少超過兩年，而且年齡又到了 30

歲後段，雖然很享受一個人的生活，但非常孤單寂寞。要用什麼方法來攻略孤單的宅女呢？

雖然她們孤單的理由有的是因為「沒人愛」、「無法戀愛」，真正的原因其實是「沒有能引起共鳴的男人」，因此，基本方法就是給她們信心。這裡說的信心就是認同「她的價值觀」，讓她試著去認識跟自己價值觀符合的人，簡單來說就是對她說類似下列的臺詞：

「○○小姐跟我似乎是同種類型的人欸。」
「怎麼會跟我的想法一模一樣呢？我是第一次遇到這樣的人欸。」
「我也很討厭這個。」
「我也很喜歡這個。」

這些臺詞如果可以漸漸累積在她心裡，也會逐漸累積她對你的好感。到了那個時候，她的心門就會打開。

在社會上打滾多年也有幾次戀愛經驗的宅女，沒有什麼可以在一個月內就搞定她的方法。你必須要有這樣的認知：這是如同毛毛細雨要淋濕衣服般漫長的大工程。

事實上，我也曾為了認識宅女連續三個月的週末去教會或參加志工活動。在此之前，我從來沒去過教會，但是為了給她信心，我整整連續三個月的星期六、星期日都往教會跑。每個週末都參加類似打掃和跑腿的志工活動，大約過了兩個月之後，原本心如止水的她也開始有了漣漪。

這樣子還不嫌累，會有哪個宅女不被你感動呢？到了這個地步，只差最後臨門一腳就成功了。這一腳就是把她說的話記下來，做些令她感動的事。

## 你必須成為「任何芝麻小事都記得」的男生。

最簡單的例子就是當她說：

「昨天把圍巾弄丟了，現在感覺脖子空空的呢。」

你就可以在隔天或下次見面時送她一條圍巾當禮物，更高明一點還要記得她喜歡寶藍色還是桃紅色，挑她喜歡的顏色送她，認真聆聽的男人對女生來說就是最性感的。

第二篇

# 好男好女都躲在哪裡？

## 各位型男正妹，來這裡找吧

「讀書的時候念的是女校，

出社會之後公司也是女性居多，

要去哪裡才能遇見好男人呢？」

# 1. 要去哪裡才能認識好男人？

常常聽到女生說這樣的話：

「哪裡才能遇到不錯的男生呢？生活周遭幾乎都是女生。」

「究竟你所說的好男人在哪裡呢？」

聽到這些話的時候我都會先嘆一口氣，問這種問題的妳是否想過，是不是因為妳不算好相處的女生，所以好男人自然就不主動靠近妳呢？女生常會這樣回答：

「我眼光沒有很高啊，根本就很不挑啊，我才不是那種眼睛長在頭頂上的女生呢！」

但是說這句話的同時還有但書：

「不過要比我會賺錢，身高要比我高，然後還要⋯⋯誠實乖巧、有男子氣慨的話就更好了。」

假設妳是個大學畢業，又任職於大企業的女生，三十歲之後，年薪差不多在 5000 ～ 6000 萬韓元（約台幣 150 萬～ 180 萬元左右）的程度，這樣一來，年薪低於這個水準的男

生怎麼辦呢？除非同樣是在大公司就職，或是醫生、律師、法官等專業背景的工作，否則年薪根本不可能比妳多，自己設定的條件就先打死一票男生了。如果妳的身高是168公分，男生的身高至少要175公分才可以吧？（男女對身高要求的標準不同）如此一來，從事專業工作或在大公司上班的男生中，身高不到175公分的人又被排除在外了。另外，又要誠實乖巧有男子氣慨……，妳在開玩笑吧？

不過，就算符合這些條件的男生出現了，還剩下一個最重要的條件：

「他必須要喜歡妳才行。」

如果像這樣斤斤計較的話，人與人交往會變得多麼辛苦啊？是不是突然想大嘆一口氣呢？

妳是不是想說：「你說的這些我也懂啊。」不用因此感到絕望，談戀愛不是制式化、不是理論性、也不是實體的東西不是嗎？

潘朵拉的盒子中總會剩下最後一樣東西，那就是希望。現在就讓我們認真地來看看，要去哪裡才能認識好男人吧！

## 與其聯誼，不如參加朋友間的聚會吧

韓國年輕男女最常做的事就是參加聯誼了。

從朋友到公司同事、認識的哥哥、姐姐、親戚或兄弟姊妹都可能是介紹人。不過，參加聯誼真的就能認識好男人嗎？年過三十的女人可能會抱怨說：

「在聯誼中要遇到滿意的男生，根本就跟摘天上的星星一樣困難。」

為何這麼說呢？原因很簡單，因為好男人根本就不會參加聯誼。尤其男生到了 35 歲以後，這個現象更明顯。我看來不錯的男人在別的女人眼中也很不錯，女生的直覺向來比男生好。一個有能力又會替女生著想，個性與外貌都兼具的優秀男人，身邊肯定不乏女生圍繞，已經收到這麼多女生傳來的愛意，這些優質男還有參加聯誼的必要嗎？

況且隨著年齡增長，也會漸漸不喜歡這種尷尬的場合，我也是這樣，38 歲的我已經超過十年沒參加聯誼了，就算沒女朋友也壓根不會有要聯誼的念頭。首先要在約定好的日子出席，還要尷尬地坐在位子上被身家調查。大白天的要花一個小時左右的時間，和一個陌生、不認識的女生一起坐在咖啡廳聊天，真的不是件令人心甘情願的事。就算不這麼做，

我不管在哪裡都有認識女生的機會，就不一定非得參加聯誼不可了。

此外，透過聯誼認識的女生，交往進度都相當的慢，至少要先見面三次吧。那是為了遵守對介紹人的基本禮儀，無論如何都要謹慎小心才行。正因如此，男生都知道去夜店追求喜歡的女生反而更快、更容易。

最後不得不提的就是照片和本人差距很大的情況，很多女生在 Line 或臉書的大頭照都像明星一樣漂亮，但實際見了面後，不禁懷疑這兩個人是同一人嗎？想像一下，星期六晚上七點要和某個女生出來見面，之前和她用 Line 互傳訊息，兩個人不僅很有話聊，看過大頭照也覺得非常滿意，男生肯定是在滿心期待的狀態下參加聯誼吧？但在見到女生的瞬間，他的腦中八成只剩「我的黃金星期六就這樣掰掰了……」的想法，不管她有多健談、做出什麼反應、笑容多甜美，當她的長相和男生原先期待的不一樣時，男生仍然會陷入滿滿的失望感中，因為男生在選擇女生的時候，最重要的因素就是「長相」，長相不行就直接出局了。經歷過幾次這樣的事件，男生就不再參加聯誼了，或是在參加前一定會再三確認這件事：「女生漂亮嗎？」

所以啊！女孩們，想要藉由聯誼來認識好男人，簡直像摘天上的星星一樣困難啊！

那要去什麼地方才能認識好男人呢？我的建議是自然而然地在朋友的聚會上認識，會比參加聯誼來得好。

星期五或星期六晚上接到朋友（公司前輩或好朋友）打來的電話：

「我現在要和認識的哥哥們（朋友們）去喝酒，妳要一起來嗎？」

就是這個時候，假如爸媽還沒有回家、長輩身體沒有不舒服、自己身體沒有不舒服的話，請立刻答應說要去吧！

**認識好男人的機率是參加聯誼的 10 倍以上。**

因為這種隨興的聚會場合，不必做什麼戶口調查，認識之後也不用基於禮貌要再約下一次，加上藉由很多人一起聊天，可以自然而然從對話中了解到這個人的個性。假如有中意的對象，還能以喝酒為藉口，主動坐到他旁邊，講一些有趣的話題試探看看，如果覺得很聊得來，自然就會有下一次見面的機會了。

## 參加聯誼的注意事項

　　雖然在聯誼上認識好男人的機率不高，但是萬一遇到了那百分之一的好男人時，如何才能把他變成男朋友呢？參加過聯誼的次數不是重點，而是當遇見好男人時要如何馬上抓住他。有句話說，每個人的人生都有三次機會，戀愛也是一樣，不管長得多醜、運氣多背，機會總有一天還是會上門，重要的是當機會來臨時不要讓它溜走。在天氣寒冷的冬天裡，當公車停到面前，一定要毫不猶豫地上車，千萬別忘了，萬一錯過了這班公車，為了等下一班車，就要在寒冷的車站發著抖等待。如果聯誼時遇見好男人的話，有什麼要注意的事項？以下是給要參加聯誼的女生一定要知道的規則。

　　首先，必須清楚明確的表示好或不好。

這些情境中的女生犯了什麼錯？男生為了要跟女生搭話而開了一些話題，但是女生不但沒有延續話題，甚至還讓男生覺得很「句點」，不知道該說什麼才好。世界上所有的愛情專家都會這樣說：

「參加聯誼最重要的就只有一件事，就是要適當給予微笑，懂得附和對方，並認真聆聽，只有這樣做才算通過第一階段。」

實際上這不僅適用於戀愛對象，對於商業夥伴、同事或主管，甚至家人之間等也該如此，是所有人際關係的基本。出版十年以上仍然維持在排行榜上的《卡內基人際關係概論》，核心概念也是如此，認真傾聽對方說的話，並鼓勵對方多說一點關於自己的事情。

但是情境中的女生，別說是傾聽男生說的話了，根本連話都接不下去，讓整段對話馬上就畫下句點。該怎麼辦呢？很多人天生說話就是這樣。

「最近有看什麼電影嗎？」

就算最近真的沒有看什麼電影，也絕對不能回答：「沒有，最近都沒去看電影。」該怎麼回答呢？

「啊，最近實在是忙到沒有時間看電影，有什麼有趣的電影可以推薦一下嗎？」

「啊，因為自己去看電影總覺得有點不好意思，所以都沒去看，最近有什麼有趣的電影嗎？」

至少也要提出類似這樣的反問吧？像這樣的反問，男生就能針對有趣的電影繼續延續話題，不管男女，都會想多講一些自己擅長的領域或經驗，尤其是男生講到當兵的事，更是三天三夜都不夠。另外千萬要記得，懂得體貼女生的男生絕對不會自顧自地講個不停。只要對話十分鐘，就可以知道這個人是不是會顧慮對方感覺的人了。

第二，禁止看手錶或滑手機。

不僅是聯誼，相親時也是一樣。尤其是智慧型手機越來越普及的情況，這個問題也越來越嚴重。和人家說話說到一半就看一下手錶、滑一下手機，換做是妳會做何感想？是不是覺得

可能是我説的話很無聊或對方可能不喜歡我？如果因為不喜歡對方而想要趕快脱身，故意這樣做的話就算了，但女生常常在喜歡的男生面前也會犯這種錯誤。她們習慣把手機放在桌上，當 Line 訊息或簡訊傳來時就馬上確認，或者為了無視對方而一直玩手機。手機震動的話桌子也會跟著震動出聲，就算設定成無聲還是會看到螢幕上的顯示，對話就中斷了。此時，女生視線停留在手機的時間越長，男生越會覺得她沒禮貌。這種情況多半發生在上班族身上，為什麼要裝作好像只有自己很忙一樣？

「只有妳忙嗎？」

男生心裡會有這樣的疑問。

接下來是一直看手錶的問題。再三確認時間並沒有什麼大不了，問題出在高單價的名牌手錶。

「是 CHAUMET 的手錶耶！」（開始聊到某個手錶品牌名稱）

「喔，這是以前朋友送我的禮物。」

這樣的對話不是個好的開始，知道這個品牌的男生大概就會知道手錶的價格。名牌手錶從幾百萬韓元到幾千萬韓元（約台幣 3 萬～ 30 萬元）都有，如果男生想要送禮物給妳的話，至少也要送差不多價位的禮物，只會讓他覺得很有壓力。加上如果女生只是普通的上班族，説不定會讓男生覺得她很虛榮。

　　我來舉自己以前的一個經驗。有次參加相親的時候，看到對方戴著男用的勞力士手錶。女生一副非常寶貝那只手錶的樣子，於是問她：

　　「看來這只手錶應該是爸爸送妳的喔？」

　　但是她立刻回我：「才不是！～是我前男友送我的禮物啦。」

　　聽到回答的瞬間，對她的所有幻想全部破滅。不管她有多漂亮多有氣質，男生的心早就碎了一地。或許站在女生的立場，她只是很坦白的說出這些話，但男生卻很難接受這種事。尤其當男生不是單純想玩玩才來聯誼，而是想要找可以一起過一輩子的對象的話，更無法接受這種答案。萬一妳真的是戴著前男友送的名牌錶，要如何應答才適當呢？

　　「這是爸爸給我的，要我以後遇到好男人時送給他的禮物。」

　　至少也要像這樣的內容吧？即使說謊也比實話來得好。另外，參加聯誼的時候，最好不要戴名牌錶，不只手錶，一些太過花俏、閃亮的東西或名牌手鍊、戒指、項鍊等最好也不要戴。

　　最後來看看聯誼跟相親有什麼不一樣的地方吧！

　　相親主要是家裡的長輩主辦或是家族與家族間的邀約，即使不喜歡也必須基於禮貌要再多見一次面。如果不想談戀愛，為了遵循禮貌也要裝做喜歡、假裝很有興趣的樣子。相對來說，

聯誼就比較自由一點，雖然還是會顧慮介紹人的立場，不能想怎樣就怎樣，如果第一次見面不喜歡的話就結束了，不用再約下一次。正因如此，如果見面時覺得中意，就要在當天抓住對方的心，還有沒有下次機會一切都是未知數。而且要拋棄「男生積極追求才要見面」的被動想法，時代已經不同了，如果真的喜歡他、錯失這次機會會後悔的話，就大膽一點積極行動吧！人生就這麼一次，總比都沒有跟喜歡的人說過一次話要好吧？請積極表現出對男生的好感！男生對於對自己有好感的女生，只要不是「恐龍妹」或「完全不來電」的情況下，一定會有明顯的回應，接下來就會再約妳見面。為什麼我會如此確信呢？如果男生判定這個女生不是對的人的時候，他自己會看著辦的。沒有必要煩惱他為什麼都不聯絡，也沒有必要問介紹人他對自己有何看法，這樣反而會傷了自尊。正妹就算不用特別做什麼，男生也會主動接近，但妳是這樣的女生嗎？如果不是，就不必裝得冷漠高傲、隱藏自己心意了。

## 婚友社

當年紀漸漸接近適婚年齡，好像該結婚了，但周遭又沒有什麼男生，在沒有其他方法的情況下，很多女生就只能求助婚友社，終究得面對要花錢找對象這個悲傷的現實。在長久累積的孤單寂寞或父母的催促之下，萬不得已和婚友社的紅娘約了時間，她開始進入了以甜言蜜語編織成的玫瑰色未來的奇妙旅程……

「以客人您的水準來說，要找到可以結婚的另一半，六個月就綽綽有餘了。」

這時候更厲害一點的還會加上這樣的話：

「除了輪流安排醫生或律師之外，還有高年薪、有專業背景的男性等，全都任君挑選，以客人您的專長跟能力來看，絕對可以吸引到這些男生。」

真的能相信這些話，想像美好的未來嗎？我直接了當地告訴妳，這些都是為了拉攏客人編織出來的謊話。不是說他不會介紹有金飯碗工作的男生給妳，就算這些男生中真的有符合妳要求的外貌、個性、家庭背景等條件的人，妳確定妳有吸引他的魅力嗎？另外，像這樣有好工作又符合眾多條件的男生，出現的機率有多高？

就算是自己開業的醫生、賺大錢的企業家、律師事務所的律師等從事專業工作的男生又如何？假如不來電的話，全都是白費。加入婚友社時，他們沒有百分之百保證一定會遇到好男人。這不是我個人的偏見，事實就是如此。

如果很快就有不錯的男人讓妳心動的話，還是會疑惑他是為了結婚才來婚友社呢？還是單純只是想談戀愛？如果是那種對女生完全一無所知、外表又俗氣的男生，不禁會覺得「原來因為這樣才加入婚友社啊！」

如果想要透過婚友社，千萬不要抱太大的期待。在婚友社尋找和自己能力水準差不多的男人比較安全，如果自己是一百分就找一百分的，但是女生通常會想找比自己還會讀書、會賺錢、家庭背景比較好的人。有些女生就算表面上說不計較，內心深處還是有這樣的欲望。從小看《灰姑娘》之類的童話故事書長大的女生，一定都會幻想著白馬王子出現，但不能就這樣評斷《灰姑娘》是從男性的角度創造出來的幻想故事。人性本來就是如此，想要被好的人愛，本來就不是什麼壞事。更何況已經繳了錢參加婚友社，當然要把本錢賺回來，為什麼不能有這種想法？但是千萬要記得：吃起來甜美的東西都有礙健康。

如果遇到比我還優秀的男人，一定要有一個配得上他的
理由。

　　怎樣算是比我還優秀的男人呢？舉例來說，我是一個 28
歲年薪約 3000 萬韓元（約台幣 90 萬元）的平凡上班族，婚
友社介紹一位男生 34 歲年薪約 1 億韓元（約台幣 300 萬元）
非常優秀的律師，長得英俊高大挺拔、打扮有型、家庭背景
又好、還很幽默風趣。和這樣的男生見面，毫無缺點的他會
喜歡妳這樣的女生嗎？他會喜歡一個能力比自己差的女生
嗎？假如妳有金泰希或宋慧喬的美貌，應該有可能，如果沒
有呢？在一起的機率簡直是微乎其微。男生和女生一樣，都
想要跟自己能力差不多或更好的女生在一起。這種男生通常
在婚友社的人氣很高，但是漸漸地眼光會越來越高，胃口也
會被養大。

　　男生會一邊回憶過去交往過的女生，一邊存在著某些幻
想。

　　「最漂亮的是學生時代交往的她；身材最好、最會打扮
的是幾年前交過的模特兒；最喜歡的個性和價值觀是在聯誼
時認識的她……」

這樣的男生在選擇女友時，有自己的一套超高標準。該怎麼辦呢？反正是以結婚為目的加入婚友社，只要想著能找到比我還優秀的男生就可以了，不要期待太多其他的條件，只要秉持「比我好的男生」這樣的標準就好，不要有太多其他的標準。把事情想得單純一些，把外貌、身高、外型等標準放寬鬆一點。只想著要遇到好男人，離開職場做個全職的家庭主婦，很多問題都可以輕易解決。以此為目標的話就可以好好利用婚友社。不過一定會有女生這樣說：

　　「我唯一不能讓步的就是身高。」

　　要是這麼在乎外貌的話，就不能把能力放在考量的第一順位，將標準訂在年薪跟我差不多的男生就好了。假設妳的年薪 3000 萬韓元（約台幣 90 萬元），就選擇年薪差不多的男生。

　　如果妳覺得相愛比結婚條件還重要，先和幾個條件差不多的男生認識看看，再從中選擇情投意合的對象吧。

## 參加婚友社的注意事項

第一、男生人數遠比女生少很多。

根據台灣內政部的資料，男女人口的比例約為 99：100，從人口數來看兩性人數略為持平，但在不同地區差距卻非常大。一般鄉村或小城市的男性比例較高，服務業或文化藝術產業發達的地區，像是五都及直轄市則是女性較多。

20 年前，韓國某紡織工業為主的都市就曾流行一句話：

「這裡出生的男生就算只有七分錢也能娶到好人家。」

由此可知，地區性的差異比整體男女人口數的多寡還重要。為什麼我要提這件事呢？因為婚友社登錄的男女比例也是如此，男生遠低於女生人數。為什麼呢？

這是由於男女心理的差異所造成，一般來說，女生可以接受為了選到好男人而花錢，但是男生則較缺乏這樣的認知。由此可見，男生比例自然會比女生低很多。這種現象也出現在大企業跟中小企業間，在供不應求的情況下，男生的價值自然就會往上攀升，因此大部分的婚友社都會找一些不錯的男生當人頭，他們不一定跟婚友社有什麼關係。婚友廣告上寫著有很多很好的男性會員，實際上卻不是如此。我認識的一位朋友在上過配對節目後，就接到找他加入婚友社或去婚友社當代打的邀請電話。還有另一個朋友只是接受財經雜誌的訪問，文章登載之後就一直接到婚友社的邀約。

第二、必須要謹慎評估主動掏錢加入會員的男生心態和想法。雖然有各式各樣的理由，但是大致可分為兩類。一類是很想交女朋友但沒有什麼魅力，所以一直無法談戀愛；另一類則是上流階層。如果將第一類當成以結婚為前提交往的對象會很辛苦，後者就當作他們是要找等級差不多的女生就可以了。現實就是如此，怎麼樣才能藉由婚友社遇見符合我條件的對象呢？

第三、仔細聽媒合紅娘說的話。

我在經營「瘋狂戀愛」部落格的同時，最常做的事就是擔任聯誼或相親主辦人，碰到最大的問題是什麼呢？我覺得這兩個人看起來感覺很適合，所以幫他們牽線，但不管男方或女方，見了一次面之後，就說對方不是自己的菜，如果再也不聯絡的話，我可能以後就不會再幫他們介紹了。請站在介紹人的立場想想看吧，假如一兩次不滿意勉強還說得過去，但是超過三次以上都是如此，介紹人的心裡做何感想？難道不會反省一下，不先想想自己有幾兩重還敢在那裡挑三撿四？甚至可能會讓人說出「你先回家照照鏡子吧」這種狠毒的話。媒合紅娘所扮演的角色也是如此。

雖然是為了賺錢才選擇這個工作，但他們也是人，有著豐富的識人經驗，親自將數十數百名人的資料一個個建立成資料

庫，然後從中挑選出最適合妳的人。絕不是為了配對失敗才這麼努力，這是想要透過婚友社的人應該要理解的。不過，媒合紅娘為什麼只是一再地說服我？

「男方雖然長得不帥，但相對的能力跟職業都很不錯！」

「他的學歷雖然沒有女方來得高，但是家裡很有錢。」

類似的話語總會聽到一兩次，而媒合紅娘會怎麼跟男生介紹女方呢？

「雖然女方現在還沒有工作，但是人長得很漂亮個性又善良。」

「雖然出身平凡的家庭，家裡也不特別有錢，但是女方有高學歷和自己的事業。」

應該會這樣說吧？這時必須要先認清自己的處境，並展現妥協的誠意，唯有這樣媒合紅娘才會發自內心、真心誠意地介紹不錯的對象給妳。無論如何總是要先認識不錯的男人，再來討論要怎麼抓住他。

此外，婚友社不會一直介紹對象給妳，而是依照見面的次數付款。事實上我在婚友社工作的朋友曾說過：

「對於那種不聽話又愛製造麻煩的女客人，我只想趕快讓她把額度用光。」

第四、在加入婚友社前請先好好檢視自己。

我常常奉勸女生：

「並不是每個加入婚友社的人都會因此而結婚。」

很多女生都說自己沒什麼慾望，但是卻肯花錢購買見面的機會，為什麼要說沒有想找個好男人的慾望呢？事實上婚友社也很了解這種情況，通常剛開始一兩次真的會介紹一些不錯的男生。為什麼？如果客人生氣抱怨廣告不符的話就麻煩了，但是給了機會就一定會結婚嗎？

不管這個男生是人頭代打或自行加入的也好，重點是妳喜歡他的話，必須要懂得如何展開行動，就是要先熟悉談戀愛的技巧。

妳加入婚友社之前都沒有和男生約過會嗎？身邊不是沒有男生，也不是沒有談過戀愛，但是卻一直無法進展到結婚這一步，難道這樣的妳一加入婚友社就能立刻改變嗎？當然不可能，因為男生看人的眼光或感覺其實差不多。就像一般女生喜歡的、會想跟他結婚的男生類型都差不多，男生的狀況也是一樣。

所以，先把自己變成男生喜歡的女生再加入婚友社吧！就妳過去和男生交往的經驗，從他們身上領悟到一些什麼嗎？

「這個男人不適合當老公。」

「他是個不錯的情人。」

男生一樣也會有這樣的判定。最可惜的就是連「將心比心」這種簡單的道理都不懂，大部分的女生都以為自己沒有問題。

「我有怎樣嗎？」

這樣想的話，永遠都不會有解答。

「身邊的朋友都順利結婚了，為什麼我不行呢？她們都很順利地相遇、結婚，過著甜甜蜜蜜的生活，為什麼我就是沒辦法順利結婚呢？」

我的意思是要針對問題好好反省，打造個人的形象，懂得把自己定位成「適合當老婆的女人」。

我曾當過某個女生的形象顧問，只是做了發音矯正、美姿美儀訓練，幫她找出適合的「化妝、髮型、時尚造型」而已，就得到不錯的成果。幾個月後她拿喜帖給我時，還說了好幾次謝謝。大部分的女生都知道外貌是女生的專利，所以會為了變漂亮而努力，甚至一年 365 天都在減肥。但在認知自己的能力和正面的心靈管理上，就必須重新審視自己做了多少努力。

## 酒吧（夜店）

　　坦白說我不太想推薦這個地方，但這裡不錯的男人確實不少，問題在於他們到夜店多半只想發生肉體關係。撇除這點，如果只看他們的外貌、風格打扮、個性等，就不得不認同這裡的男人還算不錯，這樣想的話，只要方法得宜，遇見不錯的男人的最佳地點就是夜店。

　　不過，通常只會一夜激情過後就結束，不然就是雖然順利交往了但也維持不久，容易受傷也是不爭的事實。既然如此，要怎麼做才能少受點傷、在夜店遇到可靠一點的男生呢？不過，在實行這個方法前有個大前提，是什麼呢？

　　要是女生的外貌和穿著打扮不對的話，就算每天晚上都往夜店跑，也不會因此找到好男人。星期五或星期六晚上東區知名的酒吧或夜店裡，滿滿都是美麗且婀娜多姿的女人，是人都有長眼睛吧？

　　既然都到了酒吧或夜店，根本就不會有人在乎女生個性好不好、有什麼專業技能、有沒有能力。大家只關心她有多漂亮、多性感、多會跳舞、穿著打扮正不正點而已，因此，要是妳覺得自己不適合這個地方，建議直接跳過這個章節吧。這和女生選擇男生時是相同的道理，女生也是不自覺會

被看起來紳士、身高又高、穿著打扮有型、五官清秀、身材好的男生吸引。

看起來無能、俗氣、悶悶的男生，即使喝著名貴的酒、坐在不錯的包廂裡，又有什麼用呢？女生會關注這種男生嗎？

如果妳長得還算不錯，走到哪都不會比別人差，而且跟朋友一起去酒吧或夜店時，曾被不錯的男人追求過，建議要秉持一個原則：

**跟他見面以後，要持續觀察一個月。**

跟那個男生第一次見面是在夜店，他看起來很有禮貌，各方面看起來也都不錯，在這種情況下，請先離開夜店到附近簡單地小喝一杯，或去居酒屋喝杯啤酒也好。但絕對不要只是喝酒而已，這時就天南地北地聊、順勢交換聯絡方式，加入 Line、臉書或推特好友，然後結束離開。接下來的一個月，必須要好好觀察這個男生，即使他找妳見面也不要答應，說公司事情很多很忙當藉口，絕對不行馬上就答應再見面。接著持續傳訊息聊天，仔細觀察他是怎樣的男生，以及他是

如何對待像妳這樣的女生。

透過訊息互動就大概可以知道他是怎樣的人，從臉書或推特上也大略能看出他和周遭朋友如何溝通互動。經過這樣的觀察後，還覺得「好像可以跟他談戀愛，好像不是什麼壞人，看起來不像是什麼花花公子」的話，再約見面也不遲。為什麼要觀察這麼久呢？因為妳第一次見到他是在夜店的關係。並不是說去夜店的男生就一定是花花公子或壞人，問題就在男生對女生也會有這種先入為主的偏見，乖巧誠實的男生也會因為跟妳在夜店認識，可能會有「這個女生說不定是愛玩的類型，乾脆就陪她玩一次好了！」的想法。沒有人規定不可以和夜店認識的人結婚，實際上有不少在夜店認識最後步入禮堂的例子。

**重點是要讓男生認定妳是「乖巧單純而不是愛玩」的女生。**

要讓男生不會有「因為是在夜店認識的，所以見面一兩次後就可以上床」的想法，必須要對他展現其他的魅力。在觀察他一個月後見面，妳要展現出不同於夜店裡的形象。在

夜店的時候必須盡力散發外表上的魅力，之後見面只要展現出知性或有點專業的樣子。如此一來，這個男生才能拋棄妳是「在夜店認識的女生」的印象，而看見妳真正的樣子。

**在夜店認識男人的注意事項**

　　我六年前從美國回來之後，跟多年不見的釜山老朋友們見面喝酒，當時我們三個男生結伴一起去釜山的某家夜店，後來店員幫我們併桌又加入了三個女生。當天其中一個朋友立刻告訴另外一個朋友說：

　　「我最近想買的東西太多了，好煩惱喔！」

　　「喂！你少花點錢！一個月就刷了 3000 萬韓元（約台幣 90 萬元）是怎麼回事啊？就算你一個月能賺 1 億韓元（約台幣 300 萬元）也不是這樣花的吧！」

　　我簡直不敢相信我的耳朵。

　　「他們兩個是在演哪齣啊？」

　　但是朋友完全不顧我驚訝的反應，繼續演下去。

　　「什麼怎麼回事？賺錢的目的不就是為了買想買的東西、吃想吃的美食嗎？」

　　「話是這麼說沒錯啦！」

　　其中一個女生聽到這段對話之後好奇地問：

　　「哥哥，你是做什麼工作的呀？」

　　「我接管父親的事業，現在是公司經營人。」

　　「公司規模應該很大吧？」

　　「還好啦，沒有很大，公司員工大約 300 名左右吧！」

　　朋友的謊越編越多，他漸漸變身成為某財閥二代。

「哥哥開什麼車呀？」

「賓士車。」

「你沒有騙人吧？」

「要給你看我的車鑰匙嗎？我的鑰匙放哪去了？」

朋友邊說邊往身上東摸西找。

「啊！對了！我把車鑰匙放在你那裡了啦！」

朋友指著我，然後跟我要車鑰匙。我當時開的正是賓士車沒錯，為了不讓朋友出糗跟破壞氣氛，就跟著配合演出，為什麼我朋友要編這個故事？別說是財閥二代，他一個月薪水加上加班費都還賺不到 300 萬韓元（約台幣 9 萬元）；車子的話，一個朋友是開國產的中小型車，另一個朋友是開中古車。既然實際狀況如此，為什麼要在女生面前佯裝自己是財閥二代呢？那是因為說自己很有錢的話，才能引起女生的注意，而且這樣才能騙女生過夜。去夜店的男生中，不知道有多少是以此為目的而說謊欺騙女生。

在這種場合遇見的男人並不是經過認證的人，這點跟婚友社是不一樣的。在這個場合要認識某個男生的時候，第一件要做的事情就是：

要他的名片。

真正做生意或有事業的男人身上是絕對不會沒有名片的，做大事業的男人沒帶名片是不及格的。

萬一對方誇耀自己在做大事業，但現在沒有名片或名片剛好發完呢？一定要對他有所質疑。而且收到名片後，一定要再找人幫忙確認，打電話確認是不是這個人，再馬上掛斷。俗話說「小心駛得萬年船」不是沒有道理。確認清楚對女生來說沒什麼不好，實在有太多因為他開著好車、穿得人模人樣、也很大方地花錢在女生身上，就相信他能力不錯，結果卻是打腫臉充胖子的案例。我的部落格收到的諮詢 Email 中，一個月至少會有兩、三封是和「錢」有關的問題。借錢給正在創業或是有能力又有錢的男朋友後，卻要不回來的情況，金額少則幾百萬韓元（約台幣 3 萬元），多的到幾億韓元（約台幣 300 萬元）都有。這些女生向我哭訴，問我如何才能把錢討回來。

　　當我問起是在什麼地方認識這個男生時，十之八九都是在路上搭訕、酒吧、夜店或是透過交友 app 認識的。真的有靠女生吃飯的男生存在，這種詐欺犯都有個慣用的手法，首先他們會為了展現出有錢有能力而很肯花錢，帶女生去昂貴的高級餐廳吃飯或送名牌的東西，這些都是必要的花費。漸漸讓女生對自己著迷，再讓她覺得兩人會步入結婚的階段，此時就開始哭訴事業上出現資金不足的情形，想先借點錢來周轉等等。

　　女生想說都已經放了感情，反正以後也是要結婚的人，既然事業上周轉困難，就把所有的錢通通領出來給他，甚至欠債也要借錢給他。男生都會告訴女生，現在投資進去的錢未來可

以翻好幾倍賺回來，而這些天真的女生就傻傻相信，完全不會懷疑男生說的話。

　　事後知道狀況才去報警，這時候告發他根本拿不回半毛錢。這種男生根本就只是個「廢柴」，沒有房子也沒車子在自己名下，就算因詐欺罪被起訴逮捕，但因為沒有財產的關係，找不到讓他還錢的方法，所以他也沒什麼好怕的，還可以若無其事繼續生活。更慘的是，負責處理的警察通常都會勸說：「兩個人不是關係很好的情侶嗎，就私底下好好解決吧！」再加上男生宣稱會一點一點地慢還錢，更讓人啞口無言。

　　因此，如果不想成為這樣的悲劇女主角，下列事項請一定要謹記在心。各位女生們，千萬不要跟在夜店認識的男生發生「一夜情」。一般在酒吧吧台或夜店開包廂，大家一起喝酒玩遊戲，自然而然演變成「一夜情」的情況很多。絢麗的燈光下，搭配著令人興奮的音樂，再加上酒精的催化，男生只要稱讚女生很漂亮、把女生像公主般的對待，多說幾句甜言蜜語誘惑，不管多麼理性自制的女生，也會不自覺讓理智斷了線。

　　各位女生們，一定要把理智拉回來！不管在夜店玩得有多瘋多開心，記得不要喝太多酒，必須維持著最後一條理智。「唉唷，不管了啦！」一旦有這樣的想法，就等著掉入無底的黑暗深淵了。隔天早上醒來，腦中除了後悔兩個字什麼也想不起來。就算因此展開戀情，最後還是落入被甩的下場，這種案例不計

其數。為了防止這種事情發生，建議各位，當妳在夜店認識了某位不錯的男生，先在那裡盡情地玩，然後單獨跟他或和朋友幾個人一起離開夜店，找另外一個地方續攤。不要去那種燈光昏暗的店唱歌、跳舞或玩遊戲，而是去供應宵夜的餐廳或路邊小吃，好好地再看一次這個男生的樣子。也許會和夜店裡的樣子相差很多，這樣才能更客觀、更正確的判斷這個男生，而且妳才不會失去理智並保持清醒。在沒有音樂、燈光、迷人的氣氛下，才能對這個男生原本的魅力做出評斷，也可以大大降低陷入「一夜情」的危險。

等做完客觀的評價後，一定要自己搭計程車回家，就算他說要送妳回家，也要從容不迫地一邊笑著一邊拒絕他的好意。這時候只要這樣說：

「哥哥，下次還會見面呀，到時候再給你送囉～」

## 高爾夫球場

即使朴世莉[3]在 LPGA 球場上獲得亮眼的成績，韓國女選手們席捲美國高球舞台，高爾夫球在韓國仍然是男生專屬的運動，高爾夫球場上的男生人數總是比女生高出許多。

過去的高爾夫算是貴族運動，專屬於那些上了年紀的總裁、董事長或議員、挺著啤酒肚的有錢大叔的運動，但是現在已經不同了。隨著高爾夫的大眾化，到高球場的年輕人人數也節節攀升。同時，高爾夫球場的「素質」也跟著越來越好。因此，我要推薦這個場所，給那些以「男人的能力」為第一考量的女生。雖然現在有很多室內模擬高爾夫，但有不少人仍保持去一般高爾夫球場打球的習慣。此外，高爾夫球場的費用一個月至少也要 200 ～ 300 萬韓元（約台幣 6 ～ 9 萬元），甚至打全場還有另外的計費方式。

既然如此，現在就正式談談如何在高爾夫球場認識不錯的男生吧！

首先準備好高爾夫球杆、球袋，然後由於大部分的練習場都是在郊區，必須要有自用小轎車，再來至少要有一支推

---

3　韓國知名職業高爾夫球選手。

杆、一支鐵杆、一支開球杆當作基本配備。高爾夫球袋、球杆如果全部都可以在網路上買二手的話，價錢都不會太貴。所有裝備準備齊全，也選好高爾夫球場，接下來就只剩下實際現場作戰了。此時要做的事就只有一個：

**和那些常駐在球場指導高爾夫的教練變熟。**

因為他們是最快獲得進出球場顧客情報的人，為了教學方便，交換聯絡方式是最基本的。等到可以打全場的時候，就有更多時間可以閒話家常，從日常生活聊到更詳細的內容，如此一來自然很容易變熟。就像我們去健身房時，也會跟教練變熟一樣。平日先去兩到三次和他們混熟，等熟了之後，週末再正式自己一個人去練習。通常女生獨自到高爾夫球場，男生就會像蒼蠅般一個個自動黏上來，就可以一個個跟他們認識，互相交換名片，再來一定要確認他們是未婚還已婚，怎麼確認呢？這時候那些跟妳變熟的「指導老師」就派上用場了。最後還要注意，到高爾夫球場的人，大部分都是經濟狀況不錯的人，所以也會有很多想要誘拐有錢人的詐欺犯混在其中，請隨時保持警戒。

## 在高爾夫球場認識男人的注意事項

　　在高球場發現不錯的男人之後，就算很想跟他變熟，也不要眼裡只有他一個人，為什麼呢？高球場裡有很多各式各樣的人，妳應該不是為了認識他一個人，才花這麼多錢到這裡來的吧？至少也要和兩到三個人變親近。另外，為了達成目的要變成一個積極、活潑的女生，不論跟誰都能聊得開、個性外向的女生才適合這個場合。以前到高爾夫球場打球的女生大部分是酒店媽媽桑或公司老闆，她們多半是為了招攬客人或經營生意才會在這裡出沒。如果是一般正常有工作的女生自己到高爾夫球場運動，就會讓男生們留下好的印象，再加上經常面帶微笑、容易和人打成一片、適應能力良好，更能讓男生有新鮮感而對妳印象深刻。

　　不過，如果妳是怕生、冷漠高傲的個性，或只要跟男生有一點接觸就很敏感的個性，這個地方對妳一點好處也沒有。

## 社團

「我從小念的都是女校，出了社會工作公司也以女性居多，要去哪裡才能認識男生呢？」

像這樣吐露心中無奈的女生，應該也曾經為了認識男生參加過一兩次社團吧。但是這種大家都想得到的簡單方法，為什麼卻無法成功呢？是因為「加入了一個不適合自己的社團」，像是「搖擺舞」、「騷莎舞」、「國標舞」，我對於參加這類舞蹈社團的建議是：

**想要參加舞蹈類社團的話，一定要對自己的長相和身材有自信。**

換個立場想想看，假如今天是一個長得醜、身材像圓桶的男生來邀舞，妳的心情會好嗎？對男生來說也是一樣，看一眼就知道不對的話，根本就不會想要邀舞。像這樣白費力氣加入不適合的自己社團，只能像雕像一樣站著，沒有必要把自己的人生變得如此悲慘。

「你的意思是要叫這些長得醜、身材又差的女人去死嗎？」我似乎可以聽見女性同胞這樣在我耳邊咆哮。如果妳

也自認長相不如人，不如去參加慈善團體的公益活動，可能會是比較明智的選擇。為什麼呢？

## 參與慈善活動的男生有不一樣的價值觀。

　　他們不是為了認識女生才參加慈善活動的。如果是宗教團體，是因為他們有著一顆虔誠的心；假如是單純的慈善團體，他們就是發自內心想要幫助別人而聚在一起。在那裡你們可以一起同心協力幫助他人，默默地展現出誠心誠意地模樣，藉此成為拉近彼此距離的契機，並結下好的姻緣。比起單純的互相討論觀念，還不如一起肩併肩做事，反而能更快出現好姻緣。

　　另外一種女生最愛參加的社團就是品酒社團或美食社團，但是這類社團也有分等級。若是喝一些普通常見的紅酒，或是在氣氛普通的地方喝平價的紅酒，這種聚會也沒有什麼太大的效果。在這種地方即使打扮得美麗動人，就算去一百次也很難認識什麼好男人。

　　美食餐廳也是一樣。不要去烤肉店或排骨飯等平民小吃的美食社團，而是要加入高級餐廳的老饕社團，而且至少

一餐要 5 萬韓元（約台幣 1500 元）起跳的套餐料理，加入這種等級的社團才有機會認識好男人。當然，這是在不考慮個性、外貌長相、價值觀等條件，只優先考慮「男生能力」的情況下。雖然加入這些社團並不保證一定可以找到條件很好的男生，但是確實有比較高的機率可以找到較為優質的男生。

## 在社團認識男人的注意事項

想在社團認識男生，沒有什麼注意事項，倒是有個實用祕訣不可不知。

萬一加入社團後，沒有遇到適合的男生，就要趕快跟已婚或是有女朋友的男生混熟，當然不是要妳和他們談戀愛，是因為他們已經有了伴侶，反而可以不帶壓力地跟他們相處，想辦法讓他們覺得妳是「相當不錯的女生」、「很好相處的妹妹」。前提是他們的能力到達某種水準以上，而且是誠實可靠的人。

「物以類聚」這句話絕對有其道理，他們身邊一定有很多不錯的朋友或學長學弟可以介紹給妳，雖然不是馬上可以看到成果，但就像農夫先撒下種子，再耐心等候的話，也不失為一個值得嘗試的好方法。既然都參加社團活動了，當然要百分之百地運用資源。

## 語文補習班

最近認識異性最「火紅」的地方就是語文補習班，如果這個補習班還很有名的話，就更值得推薦了，尤其是男生偏好的「商業英文會話」之類的課程更好。

為了在激烈的競爭下生存，許多男生會不斷地進修理財和商業英文等相關課程。他們大部分都是在自己的專業領域中認真工作的人，不然就是忙到沒有時間參加各種社團或其他娛樂活動，所以只能在這種地方看到他們的身影。由於他們總是把自己的事做到最好，在工作上的績效也很高，因此這個場合非常重要。

和婚友社相比，語文補習班相對的價格較便宜，又能親自確認或選擇，正是最近語文補習班火紅的原因。

現在妳知道語文補習班裡可以找到不錯的男生了，那麼有自然跟他變親近的方法嗎？只要回到大學時代的情境就可以了，回想一下當時怎麼跟一起上課的朋友變熟的？

答案非常簡單。


**跟他借原子筆或其他什麼東西都好。**

下課之後，再向他表達謝意。

「實在很謝謝你，要不要一起去前面的咖啡廳喝杯咖啡？我請客。」

要是這樣建議的話，肯定很多女生會反問我：

「女生怎麼能主動說這種話呢？」

如果只處於被動，妳想得到什麼好結果？假如下定決心，也要有所行動才對。一般女生即使有了喜歡的人也是一直等，直到對方來追求自己為止，但是這個時代如果還抱持這種想法，實在很難展開戀情。如果妳是那種漂亮到不做什麼也有一堆追求者的正妹就算了，否則的話，一旦確定目標後，就要擬定戰術。

我還要跟那些遲疑要不要先主動開口邀約的女生說：

**男生才不會覺得妳邀他一起喝咖啡，就誤以為妳是在求婚。**

想像妳是為了感謝他才邀他喝咖啡，心裡就會自在一點。

到了咖啡廳之後該怎麼做呢？

自然地打探關於他的任何事情。例如住在哪裡、在哪裡上班等不會太誇張的基本問題。最重要的是要確認有沒有女朋友。千萬不可以直接問他「你現在有女朋友嗎？」，無論如何還是要委婉一點問。

### 「週末假日都和女朋友做些什麼呀？」

像這樣確認之後，如果他有女朋友的話，就可以轉換目標了。如果不想要付出了感情、投入了心力，卻換來傷害的話，這種彼此都痛苦的感情寧可不要也罷。如同韓國歌手金光石的一首歌所寫，痛苦的愛不是愛，請在後悔之前盡可能避免這種情形發生。

假設他沒有女朋友的話，先用這種方式變熟，之後就再傳 Line 就可以了。每次上課的時候，問他要不要幫他佔位子、下課後要不要一起個吃飯，或一起喝杯酒等，久而久之就可以把他變成妳的情人了。就跟大學時期談戀愛的時候一樣自然。

## 在語文補習班認識男人的注意事項

第一、坦白說，外表不優的女生並不適合。舉例來說，聯誼或相親時收到下次見面邀約的機率低於百分之五十的女生，在那裡的反應可能不會太好。

第二、稍微打扮之後再去吧。千萬不要綁個師姐頭、素顏，穿運動服就去上課了。尤其是週末的課堂上特別多這樣的女生，要是真的是為了讀書，我無話可說，但如果是去尋找好男人兼上課的話，好像不太恰當吧？

第三、不要公開地跟某個人交往。不要因為有人追求就立刻陷進去，要沉住氣仔細觀察一個月左右，多看看周圍其他人選。說不定還有其他對自己有興趣的男生，或是喜歡的那個男生說不定只是還沒告白而已。

## 2. 要去哪裡才能認識好女人？

　　自從開始經營「瘋狂戀愛」部落格之後，增加了不少單身男女認識的機會。為什麼我可以這麼篤定呢？隨著年齡增長，好男人越來越少，好女人越來越多，在現今社會中已是不變的真理了。身為男生的我都覺得好男人很難找，父親常對我說身為男生有兩件事很重要，但是只要做好其中一件就夠了。

　　「一個是好好賺錢讓跟著你的女人過好日子，一個是真心誠意地愛著一個女人，能做到其中一項就算是好男人。」

　　無奈兩項都做不到的男人比比皆是，可是大部分的女生一旦戀愛了就會全心全意付出，不論對方有沒有錢都一樣。而男生在戀愛時，有著什麼樣的優勢呢？正在看這段文字的男生，請仔細閱讀我接下來要說的話。首先知道自己處於怎樣的優勢，接著以謙虛的態度去追求女生，這樣成功的機率才會大幅提高。

　　要去哪裡才能認識對象呢？其實好女人四處都是啊，只要你是不錯的男生，好女人絕對不會把你冷落在一旁。但是，正看著這段文字的你，是個什麼樣的男生呢？連哪裡有好女人都不知道，就算遇到好女人恐怕也不知道怎麼談戀愛吧。坦白說，你就算為了認識女生跟著朋友去夜店，成功的機率應該是趨近於零，所以才會在這裡看這本書不是嗎？換句話說，就是個孤單寂寞到不行的男生啊！

　　就算你看到這句話覺得火大也是無可奈何的事，如果沒有辦法從認清自己開始，戀情絕對會屢戰屢敗，這都是你自找的。而且你絕對是那種沒人氣、不受歡迎的男生類型。從男校畢業接著大學念理工科，在只有男生的單位組織裡工作、沒有宗教信仰、因為個性內向，所以人際關係也不夠廣泛，這類的男生才會看這本書。這樣的男生如果想要談戀愛、結婚的話，請先從認識女生開始。

　　現在就讓我告訴你在哪裡、該怎麼做才能認識女生吧！

## 參加聯誼前應有的紳士風範

有個比我小一歲的學弟，臉蛋長得還可以，身高也超過 170 公分，個性也還不錯，雖然不是什麼名校畢業，但年薪大約有 8000 萬韓元（約台幣 240 萬元），家庭背景也是屬於中上階層。我介紹了身邊幾個看起來還不錯的女生給他，他目前和其中一位正在交往。為什麼要說這個故事呢？男生啊，你們必須對聯誼有正確的認知才行，聯誼中有沒有好女生完全不是重點，能認識介紹好女人給你的人才是最重要的。

假設有一個叫 K 的學長，某個星期六晚上你打電話問他在做什麼，他告訴你在家裡打電動，又某一天是在家看電視，K 學長幾乎每星期都這樣度過，這樣的人你覺得他可以介紹女生給你嗎？不對，問這個問題前應該先問他有女朋友嗎？其實不用問就知道，這樣的學長跟他見個幾百次面，也沒有辦法介紹女生給你。連自己都顧不好的人，你還對他奢望什麼呢？

**你要先拜託的對象就是身邊有很多女生的學長、同事或學弟。**

　　儘管他是每次見面都換女友的花心大少，也不要在背後說他壞話罵他混蛋，想辦法和他變成好朋友吧。這樣一來，說不定就能藉由他的女友增加認識女生的機會。只要誘導他對他女友這樣說就可以了。

　　「親愛的，星期六妳找一個還不錯的朋友出來好不好？我也找一個朋友一起來。」

　　像這樣二對二的組合，一起喝酒、去 KTV 唱歌、到夜店玩，假如合適的話就可以自然發展成戀人關係，如果不喜歡，就算不再見面也不會覺得奇怪。不同於正式的聯誼場合，像這樣輕鬆自在的聚會，不管怎麼看都覺得安全又方便。

　　但是你說連一般的聯誼都沒機會，更別提這種安排的聚會了，原因是什麼呢？當然是因為你不怎麼樣的關係啊。實在是沒有自信把你介紹給認識的女生，因為覺得良心過意不去。不一定是能力的問題，而是將職業、年齡、個性等各方面都考慮進去時，確定你有沒有讓女生討厭的點，希望你先好好檢討一下自己。

　　從我過去介紹別人認識眾多的經驗來看，當我介紹「真的不怎麼樣的男生」時，那些女生加諸在我身上後遺症可不是開玩笑的。正因如此，我只能介紹一些「真的孤單寂

寞覺得冷，長得不怎麼樣的女生」給這些男生了。以客觀的角度來看，不管多要好的朋友，真的不怎麼樣的話，這就是沒有辦法中的辦法，現實就是如此。為什麼需要確實了解安排聯誼的關係人物呢？無法理解箇中道理的男生，就有極高的機率會孤獨終老。除非你像亞瑟・叔本華（Arthur Schopenhauer）一樣，抱持著單身主義，可是如果你想要認識女生、需要女生、而且為此正在努力，希望你可以理智地接受我說的這些話。

如果不懂得如何理智地檢視自己，只會問「聯誼、相親都去過了，為什麼還是吸引不到女孩子？」、「為什麼每天都被喜歡的女孩子打回票？」，接著嘆氣，還是解決不了問題啊。身邊的人都會告訴你說：「像你這樣的好人，總有一天也會遇到一個好人。」休想從這些話中獲得安慰。幾乎沒有人會明白地告訴你，因為你沒有吸引女生的魅力，屬於非好感的類型，甚至連個性也讓人家覺得怪怪的。

跟女生團體比起來，這種現象在男生團體中更為嚴重。這是因為男生還存有一起狩獵同時也一起競爭的本能，所以不會給對方真心的忠告，即使真的有人給予了忠告，聽的那方也不會乖乖認同。就算心裡認同對方也知道說得沒錯，還

是會感到心情很差，再把對方臭罵一頓。各位男性朋友們，你們應該要知道如何理智地自我評價才行。那麼，該怎麼做才會讓別人介紹你去參加聯誼聚會呢？我反而會這樣建議，不要一味地想要成為女生喜歡的男生。

**至少要有「不要成為女生最討厭的男生類型」的決心，這樣就算成功一半了。**

女生最討厭什麼樣的男生呢？列舉六種讓你參考：

第一、像豬（ET 身材）一樣的男生

第二、禿頭大叔型的男生

第三、身材矮小、肩膀很窄、頭很大的男生

第四、穿著打扮像個大叔

第五、不愛洗澡、衣服骯髒、行為雜亂無章的男生

第六、自我感覺過度良好的男生

第一到第四點都是針對外表，應該馬上就能明白是什麼意思，如果你反問我「天生就長這樣就沒救了嗎？」，我也無話可說了。這個時代男生也需要裝扮外表，萬一真的頂著禿頭，至少也要努力讓自己「不要看起來像個大叔」。儘管

柏納‧韋柏（Bernard Werber）或艾倫‧狄‧波頓（Alain de Botton）都是禿頭，但依然具有自己的魅力，看起來就完全不像大叔。我想說的是，只要有好身材、自我時尚風格及知識才華的話，多少都能夠掩蓋你禿頭這件事。身材矮小、肩膀很窄、頭很大的男生也是一樣。可以穿有跟的皮鞋增加高度，藉由運動鍛鍊身材，利用穿著打扮修飾，多少也可以掩蓋一些缺點。

　　再追加說明第五點，喜歡用鼻子發出聲音的男生也算在其中。雖然如同字面所說，衛生習慣不好的男生就是不常洗澡、身上常有臭味之類，但那種習慣性用鼻子發出聲音的男生，非好感的程度也不輸給骯髒男。如果問為什麼，他們通常都會回答鼻子過敏或鼻竇炎，一旦成為習慣的話，也會對人際關係造成影響，不好的習慣越早改掉越好。有些男生還會習慣性的把手指放在鼻子上，看到正面才發現根本就是在挖鼻孔。還有那種「吃東西像餓死鬼的男生」也算行為雜亂無章的男生。

　　參加聯誼的時候，跟女生一起吃義大利麵，卻像吃拉麵一樣呼嚕嚕發出聲響的男生，他們吃東西時肯定也是口水亂噴，就算長得再怎麼像金秀賢，還是很倒胃口。第六種類型

的男生，只要少說話並試著附和女生，多少會有所改善。展現自信固然重要，但是一味地稱讚自己，誇耀過去的豐功偉業，反而突顯出自己的自卑。

此外，男生參加聯誼時必須要遵守的禮節，就是對「主辦人的禮貌」。不管對赴約的異性怎麼不滿意，至少也要見兩次面（如果年紀才二十出頭的話，只見一次面也沒關係）。男生如果被批評太過挑剔的話，以後就很難再被邀請參加聯誼了。因為和主辦人關係搞僵而翻臉不認人的情形很多，至少要有不讓主辦人丟臉的決心去參加比較好。

如同前面所提，女生在聯誼中遇到好男人的機率不高，但是，如果男生稍微努力一點的話，藉由聯誼認識好女人的機率相對較高。因為女生比較擅長自我檢討跟打扮自己，所以各位男士們，參加聯誼前請再仔細檢查一次自己，並且遵守基本禮貌，至於能不能交到女朋友就只是時間的問題了。

## 酒吧（夜店）

　　如果問男生「最容易認識女生的地方是哪裡？」十之八九都會回答酒吧或夜店，或許把妹達人補習班的男生會回答「路上」，但是對一般男生來說，沒有其他地方像夜店這樣，可以有機會認識漂亮身材又好的女生。女生也會為了跳舞或喝酒而結伴去夜店，不過事實上，也有很多女生是期待能認識帥氣又有型的男生才會到夜店玩。

　　在夜店該怎麼做才能認識女生呢？我有兩個很愛去夜店的朋友，但是他們兩個的喜好卻相差十萬八千里，一個喜歡包廂，一個則偏好開放式的夜店。很明顯兩者完全不同，男生只會選擇對自己有利的場所。

　　可以在安靜的空間一邊喝酒一邊跟女生聊天，相對的在裡面也看不到其他女生，走進包廂的那一刻就已經跟外界隔離，像被蒙上眼一般無法得知外面發生什麼事。

　　但是在開放式夜店跟女生聊天時，眼睛還是可以四處觀望，當你正和某個女生說話的時候，眼角餘光又瞄到一個更優的女生，這時候就可以先和眼前的女生交換聯絡方式，再去搭訕那位更漂亮的正妹。由於每個人都有適合自己的方式，因此，先決定自己適合哪種類型的夜店吧！如果已鎖定

單一目標想要專心安靜的跟她聊天，就選擇包廂；如果目標是要跟各式各樣的女生要到聯絡方式，就到開放式夜店。

　　雖然在包廂可以專注跟一位女生聊天，當天就達成目的的機率很高，但是唯一的缺點就是花費也很高。相反地，雖然在開放式夜店當下成功的機會較低，但是因為收集了很多女生的聯絡方式，所以錯過最優女生的機率也較低，而且價格跟包廂比起來也便宜很多。以首爾最頂級的夜店來算，論峴洞○○夜店的一般基本費用是 100 萬韓元（約台幣 3 萬元），包廂費用則是 500 萬韓元起跳（約台幣 15 萬元）。當然還有很多價格比這裡低廉品質也不錯的夜店。

　　第二個要給夜店使用者的建議是：

## 請固定去某一家夜店。

　　我自己也是這樣，只去常去的地方。是因為那些知名的酒吧或夜店等級太高，所以成功機率比較低嗎？並非如此。這些地方也有很多值得我出手的女生，但我只去我不會搞砸的夜店，固定去某一家夜店就好，為什麼呢？

**再怎麼蹩腳的球隊也會因主場優勢而先贏了一半。**

　　首先要找一個讓你感覺自在的地方。雖然隨著光顧的次數增加，光酒錢就不知道會花多少，但是既然都要去了，還是要找個安心舒適的地方。再加上跟店裡工作人員比較熟悉的情況，會更令人放心，還可以自然地從他們那裡認識更多不錯的女生。平常多和服務生、主任、經理等職員打聲招呼，和他們關係不錯的話，他們就會主動幫你牽線。如果預約不到或沒位子的時候，也不需要站在店外等候。就像一般小吃店會給熟客特別優待一樣，在酒吧或夜店也是行得通的。

　　最後是在夜店行動最重要的注意事項：

**請拋開「一定要按照計畫成功把到女生」的想法吧！**

　　如果心裡老是有這種想法，本來能成功的也會變得不成功。請從容不迫地、真心誠意地和人接觸，越是焦急越容易被對方看出破綻。有誰會喜歡滿腦子只想著「女人身體」的男人呢？你只要露出一點馬腳，別說對方會想靠近你，根本是恨不得腳底抹油趕緊逃跑。以柔軟的新芽穿過堅硬的樹皮

才是最好的方法，就是要以溫和從容的姿態、紳士又大方的態度去接近對方。雖然我最近比較少去夜店了，但是以前常去的時候，只要一發現中意的女孩子，我會立刻問她：

「○○小姐，妳會在這裡待到幾點？」

「大概到凌晨兩點左右吧。」

「是喔，那如果在妳離開之前，都沒有遇到比我還帥的男生的話，再跟我一起去其他地方玩好嗎？」

當你這麼說的時候，女生對你微笑的話，就算成功一半了。就這樣各玩各的直到凌晨一點五十分左右，她和你都還是一個人的話，你再去跟她搭話，然後一起離開就行了。最後，如果她不是因為好玩而是帶著真心誠意的話（事實上這種情形少之又少），又或者是你真的對某個女生一見鍾情或覺得很聊得來，想要認真跟她在一起的話，勸你最好不要當天就帶人家去 MOTEL 開房間，千萬別做出這麼輕率的舉動。

因為你們初次相遇的地方不是別的場所，而是「夜店」。以女生的立場來說，她們也怕男生覺得自己是「玩咖」而有很大的壓力，就算真的是看起來很酷的「玩咖」，也會有同樣的想法。

## 街頭搭訕

進入 2000 年之後，韓國出現了一種新興的行業：把妹達人補習班。

他們活躍於首爾江南站、新沙洞林蔭大道、瑞來村等常有正妹出沒的街道，在網路上也有互相交換彼此經驗的網站，最後甚至連招收學生的專門補習班都因應而生。其實，很久以前就偶爾會出現街頭搭訕的情況，雖然主要是花心或愛玩的男生，但也有大約百分之一的情況，是因為一見鍾情而帶著真心去搭訕對方的。但是，現在出現了專門教授搭訕技巧的人，他們就是把妹達人補習班。其實我並不太贊同他們，他們講的根本不是「和她建立真心誠意的關係」的方法，反而比較接近如何突破她的心防跟她上床。

我在幾年前曾經花了約 200 萬韓元（約台幣 6 萬元）的巨額去某個把妹達人補習班上課，只因我很好奇他們到底在教什麼。以「史瑞克般的外表，歷經努力不懈而與 900 名女子交往」出名的崔正，是不是因為去上了把妹達人補習班才領悟了把妹的訣竅，如果讀者們要這樣追問我的話，真的讓我有口難辯。他們分明就是把戀愛商業化且拿來兜售的一群人。

　　他們替路過的女生打分數，對其中覺得不錯的女生出手，要到聯絡方式然後約見面最後騙上床，還把這種事情拿來自誇甚至開店做起生意。遇到對這些經驗談感到羨慕的男生，就會想方法招攬他們。

　　在針對街頭搭訕的說明前，有些事情我一定要先釐清並且讓你明白，是對於面臨搭訕的一些心理準備。

## 絕對不能當做好玩。

　　此外，請記住藉由搭訕遇見命中註定的另一半，簡直跟天上掉錢下來的機率一樣低。如果你真的在路上發現了理想中的女生時，該怎麼辦呢？萬一真的發生這種情況，為了預防萬一，你可以先看過把妹達人的書，融會貫通後照自己的方式做就可以了。

## 搭訕，第二重要的就是勇氣。

　　「如果她不給我聯絡方式怎麼辦？」、「如果她咻～一聲就跑掉的話，該怎麼辦？」、「如果她罵我一些難聽的

話或給我臉色看，又該怎麼辦呢？」要是抱持著這些想法的話，是絕對無法成功的。難道當紅的把妹達人就不會遭受這些待遇嗎？無論你的技巧再高超、經驗多豐富，只要女生回答「no」，一切就結束了。

搭訕時首要條件就是穿著簡潔清爽、時尚有型的服裝，即使知道成功率低於百分之五十，還是必須嘗試看看，並且心中沒有其他雜念，接著只要對真心覺得很不錯的女生傳達心意就可以了。

你覺得不錯的女生客觀來說如果也是個美女，是大家都想追的類型的話，她至少會有一兩次被搭訕的經驗，與其用一些華麗的說詞，不如用行動讓對方感受到你的真誠，反而更有效果。看起來傻里傻氣、雖然發抖著卻還是鼓起勇氣來搭話，反而比那些能言善道的男生讓人覺得更有魅力。如果心臟怦怦跳的聲音大到連女生都能聽見的程度，這樣成功的機率會更高。

## 手機 app

1990 年到 2000 年世代初期，透過網路聊天認識異性是很理所當然的事，到了現今人手一支智慧型手機的時代，「交友 app」也隨之誕生。先坦承我從來沒有用過這個工具，為什麼？首先，不靠這個東西我還是有很多其他的管道，雖然長得不好看也是原因之一，再加上太多人知道我就是「瘋狂戀愛」的部落客崔正，所以想用也無可奈何。

平常嚷嚷著「不要用交友 app 認識男生」來勸別人，尤其是我，為什麼還提到這個方法呢？我只能回答說因為我也是男生，所以懂得男生心理，由於 app 可以很容易認識女生，而且沒有什麼壓力，又能遇見各種類型的女生，就各方面來說相當吸引男生使用。

不過，使用了交友 app 之後，就必須要承認「大者恒大，強者越強」的現象。那些不用這種方式、身邊也不乏女生圍繞的人氣男永遠都無法理解，這些只想要跟某個人交往一次也好的男生，有如飢餓的土狼般在交友 app 裡嗷嗷待哺。另一方面，女生呢？由於性質不同於婚友社，對方可以隱藏身分或年齡，因此降低女生加入的意願，男生才會多出很多。那麼該如何在眾多的男生中脫穎而出呢？

沒有帥氣的臉龐、沒有結實的肌肉、沒有車，尤其是在進口車前面拍的照片，也沒有在艾菲爾鐵塔前用餐的照片，若是沒有能力拍出這些值得上傳照片，要拿什麼一決勝負呢？

## 真實性。

　　交友 app 的特點是可以藉由照片包裝自己，一旦過度包裝就會變成說謊欺騙。年齡、職業、家庭背景都可以隱瞞，女生也都心知肚明，所以不管男生如何偽裝，女生也不會百分之百相信。加入的女生通常會這樣想，如果有看起來不錯的男生就先見一次面，之後再做評斷。但是男生只要下定決心，不管什麼都可以隱瞞到底，這也是女生最煩惱的一點。

　　那要怎麼做比較好呢？難道要四處宣傳「我不是那種男生」嗎？

　　請試著在 A4 紙上寫下，「我真的很想交女朋友。」

　　「我真的是發自內心想要有一個女朋友。」

　　像這樣寫好放著，把這句話跟你的照片一起上傳到 app，不覺得很與眾不同嗎？還有把真實的簡述履歷和照片

一起放上去，女生看到就會產生基本的信任感，每天說一百次「我不是飢餓難耐的土狼，我不是為了把妹才來認識女生的」，也比不上這種把身分證明資料和長相一起公開的方法。這樣才能讓人感覺到你和其他男生的明顯差異。另外，透過交友 app 認識了某個女生後，還有一個需要注意的事項。

「我們見個面一起喝一杯吧！」

「找朋友一起來玩吧！」

千萬不要寫這種隨便的留言。交友 app 的特性就是容易認識也容易分開，越是這樣越是要說一些和這些目的不同的內容。

「我們見個面，邊喝咖啡邊聊天吧！」

這種話比較容易取得女生的信任，而且約在鬧區的咖啡廳，更能增加女生對你的信任。

## 社團

加入社團的初衷是什麼？

跟喜歡相同事物的人聚在一起，一起分享資訊一起玩樂，不是就是為了讓快樂開心加倍才參加的嗎？這句話有個非常關鍵的重點，就是所謂的「我喜歡的事物」。各位男生啊，請在這句話用力地畫上底線，然後再認真思考一次參加社團的目的是什麼吧！

如果我要講的主題是「正確享受社團的方法」或「特別推薦給男生的社團」，一定會推薦你汽車或電玩相關的社團。但是這段文章的目的是「告訴你如何談戀愛的好方法」。既然如此，該去什麼社團，要怎麼才不像是在騙你呢？要去有很多女生聚集的社團，你去過媽媽歌唱教室嗎？你去過刺繡社嗎？你參加過插花社嗎？你曾經加入過瑜伽社或舞蹈社嗎？

我想說一個關於自己傳奇般的經驗。幾年前我曾經報名參加過首爾某一區辦的媽媽歌唱教室。整間教室除了我一個三十幾歲的男生之外，其他都是媽媽級的大嬸，歌唱教室的老師問我：

「我們的媽媽歌唱教室人氣真的很旺喔，連年輕男子都

跑來了呢！那邊的那位男生，請你站起來～」

我站起來理直氣壯的說：

「我媽媽很喜歡唱歌，但是因為行動不便，所以我代替她來參加，我會在這裡好好的學習，然後回家教我媽媽。」

大嬸們開始七嘴八舌的說：

「我的天呀，真的是孝子呀，孝子！」

「最近竟然還有這樣的年輕人耶！」

第二天我買了很多保健飲料和茶水請她們，一邊分一邊說：「請多多指教。」這樣的話愛管閒事的大嬸肯定會問：

「你幾歲啦？」

「在做什麼啊？」

老實回答問題之後，如果有專業能力或工作、年紀不錯的話，其中一些熱心的大嬸又會再問：

「唉唷，小伙子，跟我家女兒約個會吧！」

「我家姪女很漂亮喔，要不要認識一下呀？」

我就這樣在六個月之內跟 20 名女生相親。

如果真的很討厭這種方法的話，加入一般女生喜歡的社團就好。例如品酒社、社交舞社等選擇非常多，但是記得只要專注一種社團就好了。

首先，社團的社長或幹部最好是年齡比你大或差不多，這樣他們比較會歡迎或接納像你這樣晚加入的男生。

我目前擔任某社團的社長，偶爾也會遇到這樣的男生。從加入社團開始就常跟我打招呼，說一定要好好相處之類的話，送一些小禮物然後說：「大哥，可以給我你的電話號碼嗎？」這樣恭敬有禮地問我，有不告訴他的道理嗎？這種男生之後就會常常傳一些 Line 訊息噓寒問暖，彼此就越來越熟。

「大哥，下次即使沒有社團活動也想跟你一起喝杯酒，什麼時候有空呢？」像這樣問的話，就是想表達他的感謝之意，如果真的一起喝了酒，成為稱兄道弟的關係之後，會發生什麼事呢？當然哥哥我就會介紹朋友中最漂亮乖巧、個性又好的女生給你啦！越是活躍、成立越久的社團，社長或幹部的力量就越大，認識的朋友也越多，而且這樣的社團裡也比較多年輕男女。如果彼此覺得合得來，自然就會越變越親近，如此一來不是就有機會配對成功了？帶著這樣的想法參加社團才能發揮百分之百的效果。假設真的覺得這樣不適合自己，或沒有辦法主動親近的話，一開始就建議不要採用這個方法。

第三篇

# 30 天後你就會愛上我

把喜歡的人變成情人的關鍵祕訣

妳知道真的像狐狸般嫵媚的女人是怎麼誘惑男人的？

在清醒的狀態下勾引他，

然後在彼此都還保有理智的時候，

帶他去隱密的地方。

# 1. 給女生的 30 天實戰祕訣

現在正式進入本書主題，已經了解男生有哪些類型，也知道要去哪裡認識他們了，接下來還需要做什麼呢？當然就是「要如何在 30 天內把他變成我的男人？」

許多女生常參加好友介紹的聯誼，不然就是花大把鈔票加入婚友社，但是最大的重點是要知道「如何把中意的他變成我的男人」。很多兩性愛情文章都會這樣說：「要變身成狐狸般嫵媚的女人，然後抓住男人的心。」

這些文章裡總是說不要這樣做、要這樣做。但是我想問看過這些文章的女生：

「看完這些文章後，妳遇到好男人然後談戀愛、結婚了嗎？」

以前某個政黨的候選人曾說：

「請問過去這五年的經濟有越來越好嗎？」

跟我現在說的話有異曲同工之妙，如果光是靠看書反省，就算明白其中的道理，妳的戀愛實力也不會因此上升，

因為這樣只是隔空搔癢，搔不到癢處。

電視新聞報導著外匯存底已到了最高點，出口量增加多少，大肆宣傳大部分國家信用等級都往下降，只有台灣維持穩定……但是這種報導跟國民生計有什麼直接相關？用同樣的邏輯來看，談戀愛也是一樣的道理。

接下來，讓我具體說明給女生看的戀愛祕訣吧！認識男生的管道如同前面所提，有聯誼、喝酒聚會、婚友社、夜店、高爾夫球場、社團、語文補習班等地方。即使是透過別的管道認識男生，還是可以依照以下的實戰方式執行。

不過，實際上絕對不可能「這樣行動就一定可以交到男朋友，或男生一定會喜歡妳」，而是「這樣對女生比較有利，成功的機率也會高出很多」，希望各位可以參考看看。另外，話先說在前面，與其完全按照書本一步步地做，不如把內容融會貫通，變成最適合自己的方式，再盡情發揮出來。即使像妳這樣的女生，還是可以好好地談場戀愛，以下的內容希望能對妳的戀愛有一點幫助和貢獻。

# ＃第一週（1～7天）

## 傾聽和附和

假設現在有一個聯誼或相親的邀約，從男方那裡傳來了簡訊或 Line 訊息。

「妳好，我是經由○○介紹的○○。希望妳有美好的一天 ^^」

大部分都會傳來類似像這樣的內容，此時回傳「你好，我是○○。希望○○也有美好的一天～」的句子，就算很完美了。

此時男生一定會先傳來：

「妳什麼時候有空呢？」

「啊，這個嘛，我除了星期○不行以外其他都可以。你什麼時候方便呢？」

「這樣啊，那星期○妳可以嗎？」

「嗯，我可以 ^^」

「那要約幾點、在哪裡碰面呢？」

「你什麼時候比較方便呢？」

「星期○的○○妳知道吧？」

「嗯，我知道那裡。」

「下午兩點在那裡見面吧！」

「好，我知道了。」

這是一般聯誼或相親前會有的基本對話內容。接下來，我衷心地拜託女生一件事：請把 Line 或 FB 上本人的大頭照先刪除吧！理由不用我說也應該知道吧？老實說就是不要讓照片看起來比本人好看。大部分的女生都會上傳自己最漂亮、最好看的照片當成大頭照，但也因為如此，看過照片再看到本人反而會讓人家覺得落差太多，這樣的情況不勝枚舉。

「只看臉以為是個身材高挑的人，結果實際上卻是矮小肥短的人。」

「本來以為身高很高，實際見到本人才發現很矮。」

「光看照片覺得是個性感的人，但是本人完全不是這麼一回事。」

我聽了很多參加完聯誼的男生這樣說。所以先讓男生看到照片的話，他們就會有預期的心理，然後期望越高，見到本人的時候失望也會越大，成功的機率就會降低，希望女生們能了解這一點。當然也有女生是本人比照片還要漂亮，但這種人卻是少之又少。畢竟把照片拍得有如明星一般，本人

實際上卻像搞笑藝人的例子也不是沒有聽說，不如在不知道長相的情況下見面比較好。假如朋友跟妳借了一筆錢，然後說幾月幾號會還，妳相信了這句話，並計畫著還錢之後要怎麼運用這筆錢，但是等到還錢的當天，朋友才打電話來說還不了了，會有什麼感覺？照片和本人相差太多的情況，就跟妳此時的心情一樣，有一種被背叛的感覺。另外，還要記得事先拜託介紹人不要透漏太多，通常男生一定會先問介紹人一個問題：

「那個女生漂亮嗎？」

即使妳是漂亮的女生，也要拜託介紹人說「還算可以」或是「長得不差」之類的話。免得介紹人說得太誇張，像「是我出生以來看過最漂亮的女生了」，這樣見到本人就容易失望。

接下來，見面當天該怎麼做呢？首先妳一定會煩惱要穿什麼衣服出席，我給妳的建議如下：

## 請穿能突顯自己特色的服裝吧！

在選擇穿什麼的時候，要設定好自己的形象。如果妳的

形象是單純、清秀的話，就照這樣的感覺穿吧！如果妳是性感的人，就穿性感的服裝吧！如同妳要說服對方的時候，不是光說自己想說的就好，而是要說對方想聽的話；不是穿自己喜歡或想穿的衣服就好，跟男生見面的時候，要穿能讓妳加分的衣服。身上最好不要戴太過華麗的飾品，臉上的妝也不要太濃，香水也不要噴太多。現在，衣服穿搭好，妝髮也都完成，就可以準備出門約會了。但是當妳真的喜歡這個男生的話，該怎麼做，才是本書重點！

決定第一印象只需要三秒鐘，在見面的一瞬間應該立刻就知道了吧？我是指馬上就可以知道想不想跟這個男生交往，如果覺得中意的話，妳必須這樣說：

「因為你和我心裡想的是一樣的男生，所以我覺得很高興啊！」

這時候男生的反應會有兩種，假如他也很喜歡妳的話，他會笑一笑，然後問妳：

「妳想像的是哪種男生呢？（笑）」

萬一他不喜歡妳的話會有什麼反應呢？即使是同樣一句話，他會不苟言笑且一派正經的問妳。這樣當天的聯誼就等於結束了。為什麼？男生只要不喜歡女生的長相，就不會

喜歡這女生的任何事，不管做什麼都沒有用。雖然很衰傷，但事實就是如此，不管什麼戀愛技巧都無用武之地，到這裡就決定了一切。這麼說來，所有生來不夠漂亮的女生到死為止都沒有辦法戀愛嗎？當然不是。這樣就沒必要有像我這樣的人來寫這些戀愛建言了。為什麼我一開始要說前面的那些話？

　　舉例來說，有一群長相普通的女生，不漂亮也不算醜，只能說是「不差」的程度。這樣的女生如果像我前面所講的主動追求男生，男生也會給予適當的反應，世界上沒有一個男生會拒絕喜歡自己的女生，除非這個女生實在是醜到不行。還有一種例外，不管她長得多漂亮，如果反應不熱絡或個性陰沉的話，以男生的立場來看，可能會這樣想：

　　「她可能對我沒意思吧？」

　　年輕男生可能不會這樣想，但是三十歲以上的男生就會有這樣的心態：

　　「沒有必要白費力氣。」

　　如果要上了年紀的男生努力點燃女生的熱情，他們寧願選擇直接放棄這種漂亮但冷淡的女生。他們覺得「對我冷淡的女生終究還是行不通」或是「對於這種女生只是白白浪費

時間，最後還是不會在一起。」因此，一見面就聽到前面這種讓人留下好感的談話，男生的心情會怎樣呢？首先有攻破他心牆的效果，一定會有很多女生反問我：

「這樣不會感覺很花痴嗎？」

「這樣不會看起來很隨便嗎？」

雖然我不敢斷言一定不會，但是男生所謂的「看起來很隨便的」女生是怎麼樣的女生呢？第一、看起來對肢體接觸接受度高的女生；第二、常去酒吧或夜店的女生；第三、穿著暴露的女生，這三種女生才是所謂看起來隨便的女生。如果是很保守的男生，對他們來說，過度喝酒或抽煙也會看起來很隨便。但是現在要參加聯誼的妳，應該完全跟這些沾不上邊吧？

因為我是男生，所以可以很肯定地告訴妳，男生比女生要來得感性重於理性。這樣說好像有點誇張，但是男生在看到女生的瞬間，就已經定了某種程度的印象。如果妳可以先釋出好感，或說一些表現善意的好話，男生的心情也會變好。雖然剛見面的時候對這個女生沒有特別的感覺，但是男生聽到這種話心情也會比較好，可以讓男生覺得「原來這女的對我有意思啊！原來她喜歡我啊！」製造出這樣的錯覺。如此

一來，以男生的立場來說，就會想要對這個女生更好或是表現出更好的一面。

現在正式來看看在聯誼上要怎麼談吐應對吧！一般來說都是男方先開啟話題，以下是我調查的 100 多件聯誼案例中，整理出男生最常問的問題：

「妳喜歡什麼類型的男生？」

「妳週末假日都在幹麼呀？」

「妳和幾個男生交往過啊？」或「妳談過幾次戀愛呀？」

「最近有看什麼電影嗎？」

「平時的休閒嗜好是什麼啊？」

「上班狀況還好嗎？」或「上班會很辛苦嗎？」

這些問題或多或少都有聽過吧。現在我仔細說明一下如何有技巧地回答這些問題吧！

「妳喜歡什麼類型的男生？」

首先必須要知道問這個問題的意圖是什麼，基本上只要想成男生對妳有意思才會問的問題就可以了。如果不喜歡妳，應該就不會想知道妳喜歡什麼類型的男生吧？尤其當女生說「因為你跟我心裡想的是一樣的男生，所以我覺得很高

興呢！」的時候，男生是笑著回應的話，自然而然就會想問這個問題了。但我衷心拜託女生千萬不要回答得模稜兩可，特別是「我喜歡乖巧誠實的男生」、「我喜歡重感情的男生」之類的答案。為什麼？這些是男生最討厭聽到的回答。這些話會讓男生覺得「這跟我有什麼關係嗎……」硬要追根究柢的話，世界上哪裡有不乖巧的男生？哪個男生不是為了吃飯、為了生活而努力工作？那些不乖不誠實的男生早就都因為犯罪而關進監獄裡了，沒錢的男生大概也不會有跟女生約會的念頭，重感情的男生這種話不是也有點莫名其妙嗎？只會讓男生想問「怎麼做才算是重感情啊……」正確的回答是什麼呢？現在他已經是喜歡妳的情況了，加上妳也對眼前的他有好感，那麼就必須要針對他的樣子去說，但是不能全部都照實說，因為這樣感覺太假，反而可能會被當成奇怪的女生。那要怎麼做才對呢？

「我喜歡眼睛漂亮的男生。」

「喔，這樣啊。」

「仔細一看○○的眼睛也很漂亮耶。」

邊說邊假裝剛剛才注意到的樣子。

接著下一個問題。

「週末假日都在幹麼呀？」

當被問到這個問題時，女生的回答都如出一轍。

「週末通常不是和朋友出去玩，就是一起逛街買東西，不然就是在家裡放鬆、讓自己充電。」

再不然就是說：

「週末就是陪陪家人，和他們一起度過呀。」

會這樣回答的女生，請先好好想一想男生會期待聽到的答案、男生到底喜歡什麼吧。25 歲以上，不，20 歲以上的女生已經算是成年人了，如果是成年人的話，一般男女交往之後，最常做的事是什麼呢？就是吃飯這件事。雖然一開始都會約在餐廳，但是交往後就會越來越常到對方家裡做菜。此時男生對女生的期待是什麼呢？儘管現在是男女平等的時代，男生還是會想吃到女生親手做的料理。妳的答案要能夠與他的心理相呼應才可以，但不要直接自誇地說：「我很擅長料理喔！」要稍微修飾然後委婉地回答。

「有一件算是比較特別會在週末做的事，就是兩天中會有一頓飯是由我親自下廚做飯給爸媽吃。」

當女生這麼說的時候，不會有男生反問：「為什麼要這麼做？」而是會進一步問下列的問題。

「妳很擅長做料理嗎？」

「下次有機會的話，再做給你吃吃看！」

「妳的拿手料理有哪些？」

「家常菜的話我幾乎都會。」

為什麼要這樣回答呢？應該大部分的男生都喜歡吃家常菜吧。不過，這裡肯定會出現實行上有困難的女生。

「我一個人住。」

因為自己一個人住而不能煮東西怎麼辦？不一定要照我說的例句去回答，按照自己的實際狀況變通就好了。

大部分的男生都喜歡吃家裡做的菜，理由很簡單，任何一個身體健康的男生都曾經當過兵，只要吃過軍隊裡的伙食，就會重新體悟到媽媽的菜是多麼美味、多麼珍貴的食物啊！因為這樣的緣由，應該沒有男生會討厭擅長料理的女生。

「我真的不會料理該怎麼辦？難道要說謊嗎？」

即使是說謊也要這樣做，煮飯做菜不過就是那樣而已，沒有什麼難的，等到順利和他在一起之後，而且真的必須要親手做菜時，網路上有很多立刻就上手的料理小撇步可以搜尋，方便讓妳臨時抱佛腳。

接著看下一個問題！

「妳和幾個男生交往過啊？」或「妳談過幾次戀愛呀？」

雖然這在聯誼或相親時算犯規的問題，偶爾還是有男生會問這樣的問題。也許初次見面時不問，但很多男生在見過幾次面後，還是會問。為了預防這樣的情況發生，還是要做好事前準備。

如果是以結婚為前提交往，沒有一個男生會喜歡女生過去的情史太過華麗。不管他本人個性多麼的開放前衛、思想有多自由奔放，在接受儒家思想教育的國家，「男生應該要怎麼做；女生應該要怎麼做」的刻板觀念依舊深植在他的心裡。對方是歐美人的話就不得而知，如果是東方人的話，實在沒有必要老實地說出交過幾個男朋友。假設一個 30 歲的女生坦誠交過大約 10 個男朋友，男生心裡會怎麼想呢？

「真是隨便的女人啊！」

更糟一點就是「這女的根本是水性楊花吧？」。

相反的，如果是一個 30 歲的男生交過 10 個女朋友呢？雖然不是什麼值得炫耀的事，但還是會說希望女生理解再含糊跳過這個話題。反而是花花公子類型的男生會自豪地說起

過去的經驗，而且會一五一十地通通告訴妳，然後說「雖然我以前交過很多女朋友，但現在只想好好跟一個女生交往並只愛她一個人。」有趣的是，像這種典型的謊話在現實中卻很容易被接受。在這樣的觀念上，男女依舊存在著很大的差異。雖然這樣對女生來說真的很委屈，但還是希望妳認清現實就是如此。

那麼要怎麼回答這個問題呢？無論如何就回答曾經交過一個男友，而且在一起很久，要是超過 30 歲了，就回答說曾有兩個在一起很久的男朋友，而且至少有七年以上的時間。

看到這裡可能會有女生問我：

「既然男生喜歡清純的女生，乾脆說從來沒有交過不是更好嗎？」

這樣說並不妥當，現在已經不是什麼石器時代了，況且這樣說男生會相信嗎？兩個人真的交往後，最後難免會發生性關係，到時候要怎麼解釋呢？這個時代沒有性經驗並不是什麼值得驕傲的事情。對男生來說，太過清純的女生反而會有很大的負擔跟壓力。他們害怕因為上過一次床，就好像要負責一輩子的感覺，他們反而會因為是處女就放棄了，男人

就是這樣的動物。只要是喜歡的女生，他們馬上就可以想像和她上床的畫面。如果真的從來沒跟男生交往過，也會讓他感覺很有壓力嗎？假如妳才十幾歲或二十出頭，頂多最大容忍極限為 25 歲，這樣說一次看看還無所謂，如果已經超過 25 歲的話就算了吧！這樣反而會讓人懷疑妳是不是有問題。另外，想拜託各位女生「只是擦身而過的男生」這樣的回答要斟酌使用，所謂的「擦身而過」就是指「上過床就走了」。看到這裡妳肯定會有一些衍生的問題想問我。

「我已經超過 30 歲，如果還說只交過一個男朋友，會很奇怪嗎？」

「如果被問到為什麼要分手，該怎麼回答呢？」

首先回答交往很久就好，假設妳是 33 歲的女生，就說 25 歲認識，交往到 32 歲分手。假如妳是 38 歲，就說 20 歲的時候，跟學長交往七年後分手，28 歲的時候才又交了一個男友，在一起 8 年，36 歲的時候分手。

如果被問到為什麼分手，只要回答適當的理由就可以了。

「大概就是有緣無份吧！」

「可能不是真愛吧！」

「他把我甩了！」

千萬不要回答這種模糊不清的答案。一定要明確地說出原因，「公式化」的理由男生才聽得懂。

「他因為遇到更好的女生所以離開我了。」

也絕對不能說這種理由，那麼最好的回答是什麼呢？

「他是個一無所有的男生，沒有錢也沒有工作，雖然我想跟他結婚，但是父母親反對。」

除此之外，「因為我們的宗教信仰不同，他會對我施暴。」這類的回答也不太恰當。妳知道為什麼嗎？關於暴力行為的話題，一開始都會給予同情。

並且還會憤慨地說：「世界上竟然還有這種打女人的男人啊！」

但是在兩個人交往之後，當你們產生爭吵時，他可能就會說：

「妳就是喜歡這樣做，妳前男友才會打你。」

像這樣說出互相傷害對方的話就完蛋了，所以絕對不能先告訴他任何秘密。此外，宗教信仰的問題也是一樣，妳怎麼能保證坐在眼前的男子和妳是一樣的宗教？即使他本身沒有任何宗教信仰，也要考慮到他父母或親友的宗教信仰，所

以千萬不要提到像宗教這類的敏感話題。假如妳是二十幾歲的女生，還有一個最有利的藉口。

「他線上遊戲中毒太深，整天就只知道玩電動。」

這樣說絕對會被認同。

接下來先跳過有關電影跟興趣的提問，先來說說有關「上班狀況還好嗎？」或「上班會很辛苦嗎？」的提問。身為人誰不辛苦呢？世界上最辛苦的莫過於自己正在做的事。誠如各位讀者所知，賺錢是多麼辛苦的一件事啊！先不論是什麼職業，工作本身就不是一件容易的事。為什麼這麼說呢？因為妳必須要懂得如何體諒他人，別人生重病不舒服，怎麼樣也比不上自己的手指被扎到還要痛，同樣的，不管是彼此在不同的領域，或是同體系下一起工作的男女，都會認為自己的工作比對方的工作還要辛苦。此外，還有男女間本來就存在一些先入為主的觀念，以男生的觀點來看，會覺得女生的工作沒有什麼難的；反之，站在女生的立場，也會覺得男生的工作沒什麼累人的。以男生的角度，總覺得女生好像比較吃香；女生則認為男生比較有利，這些都是無可厚非的人類的本性。那要如何回答比較恰當呢？兩年前的我曾經問過女生這樣的問題，但她卻這樣回答：

「妳的工作會很累嗎？」

「累死了～你來做做看就知道了！」

雖然她是邊笑邊開玩笑地說著，但是聽到心裡還是覺得火大，太讓人明顯感覺到她想藉由男生離開職場的心態。那要怎麼回答呢？

「只要是工作都是會有辛苦的地方，但是日子還是要過，就我看來身為男生的○○好像更辛苦吧？像我們公司的男同事們好像都很辛苦的樣子，所以我有時候會買咖啡請同事喝。」

這樣回答的話，男生就會覺得妳是個體貼的女生了吧？女生也是一樣，因為工作很多累得半死的時候，身旁的同事遞了一杯咖啡過來並說：

「休息一下再做吧！」或「工作再辛苦也要為身體健康著想喔！」

聽到這種話不知道有多麼令人感激跟欣慰！男生心目中天使般的女同事，就和眼前的這個女孩一樣。

有關如何回答男生的提問先告一段落，接下來是妳該向男生提問的內容。一般女生參加聯誼的時候，多半都處於被動狀態，不會主動提問，總是以反問男生問題的方式來進行。

當被問到「妳喜歡什麼類型的男生？」，回答後就反問對方「你喜歡什麼類型的女生？」，雖然說這樣也沒什麼不妥，但如果想讓男生對你印象更深刻的話，就要提出一些特別的問題。我也不是要女生一開始就主動問問題，而是要掌握對的時間點提出問題，例如什麼時候呢？

最好是話題結束的時候，試著提出一些其他參加聯誼的女生不會問的問題。

問題 1.「活到目前為止，你覺得最辛苦的瞬間是什麼時候？」

問題 2.「現在有想在五年後實現的夢想嗎？」

問題 3.「如果可以休假一年的話，最想做的事情是什麼？」

問題 4.「假如可以回到過去，最想要回到幾歲的時候？」

問題 5.「如果可以變成另外一個人，你會想變成誰？」

為什麼要舉這些例子呢？首先，當男生被問到這些問題時，通常都可以侃侃而談，這些問題會讓他們有說不完的話，妳千萬不可以問完問題就結束，

**現在妳要做的就是「傾聽」和「附和」。**

這就是最好的「戀愛祕訣」。

「啊，是喔，原來如此。好像真的是這樣耶。」

「對呀，我好像也有這樣過耶。」

「一定很辛苦喔。」

這些都是傾聽的基本功，再給予勇氣、鼓勵與稱讚。俗話說：「士為知己者死」。「男女關係」也和「君臣關係」一樣，如果妳能真正了解他與眾不同的地方並且給予適當的反應，妳在他心中就會成為「特別的女生」。實際來練習看看吧！向男生提出「現在有要五年後實現的夢想嗎？」的問題，看他會說些什麼吧！要如何扮好附和的角色呢？

「如果是○○的話絕對可以做好，因為你身上帶著滿滿的好運。」

「從現在開始穩扎穩打好好準備的話，五年後肯定可以實現夢想。我會替你加油的，很神奇喔，只要有我加油聲援的事通常都會非常順利，所以我不隨便替別人加油的喔，但是我特別想替你加油呢！」

「五年之後，我一定會好好驗收你到底有沒有實現夢想喔（笑）」

像這樣說就可以了，聯誼結束後也不必煩惱「他會跟我

聯絡嗎？還是不跟我聯絡？」、「他對我有意思呢？還是沒意思呢？」只要主動傳訊息給他就可以略知一二。傳訊息時只要傳一些在聯誼中印象深刻的話題，或活用兩人很有共鳴的部分就行了。

「你剛剛說到學弟的故事時，好像真的很開心的樣子耶～今天真的非常有趣而且也很開心。我好像不知不覺會一直想到你呢^^」

傳這樣的訊息基本上都會有回應，只要妳對他來說沒有非常糟糕的話，禮貌上都會回一下簡訊。如果他回傳的內容沒什麼特別，純粹只是基於禮貌的回覆，就表示他對妳沒興趣。什麼樣的內容屬於禮貌性的回覆呢？

「我也覺得很開心，今天過得相當愉快，回家的路上要注意安全喔。」

這種就是基於禮貌的回覆。但還是想知道是不是真的沒希望的話，再傳一次訊息就可以確定了。

「沒想到這麼快就回覆了，好像突然收到禮物的感覺喔^^」

要是收到這種訊息的他對妳有興趣的話，會再傳什麼過來呢？因為女生已經先顯露自己的心意了，男生也會有相同

的表現，例如：

「當然要快點回覆才行呀，今天我也真的很開心喔。」

如果是表現更露骨一點的男生，還可能會傳來這樣的內容：

「如果不是○○的話，我才不會回這麼快呢！」

但是萬一他對妳沒意思呢？他收到這種簡訊絕對會音訊全無，再等個一兩天看看，還是沒有回覆的話，勸妳直接放棄比較快。

# 第二週（8～14天）
## 女人的最大武器，善用女人特質

聯誼結束後，才是真正開始煩惱要怎麼走進他心裡的時候。

「聯誼結束一星期了，他都沒聯絡我該怎麼辦呢？」

非常簡單，直接放棄就好了。

男人就是這樣，聯誼的時候不管氣氛有多好，沒有主動聯絡，就表示他對妳一點興趣都沒有。

「嘖！就是因為這樣，所以才需要兩性戀愛專家告訴我如何拯救這種情形啊？」關於這種問題，我只能回答：

「這種情況不是告訴妳什麼祕訣就有用，絕對不是。」

編織一個不切實際的夢想有什麼用？身為愛情專家的我，最該說的就是請面對現實吧！男生沒再聯絡就表示Game Over，一般在星期六下午舉行的聯誼，都會有個之後再聯絡的默契，很少會隔天星期日就馬上聯繫。至少也要等到星期一中午吃飯時間，才會收到男生傳來的訊息。

「吃午餐了嗎？星期一上班要打起精神喔～今天也要過得開心喔～ㄎㄎ」

收到這種訊息就可以確定他對妳也有興趣，這時該回答

什麼呢？

「雖然星期一上班感覺特別累，但是這則訊息給了我很大的鼓勵喔！謝謝～」

男生感到最幸福的時候，就是自己做的事得到別人的認同的時候。因此，肯定會再傳來帶有某種含意的簡訊：

「竟然因為這種小事就跟我道謝……看來以後要常這樣說才可以囉！」

此時女生的回答方式就要有點技巧才行，絕對不能說「常常這樣的話當然很感謝囉！^^」最好不要每件事都逐一回覆，現在這則簡訊的重點是什麼？不就是想要把他變成妳的人嗎？不是希望跟他拉近關係，並且讓他喜歡上妳這種女生嗎？既然如此，就在簡訊中加上他的名字然後傳過去吧！

## 「○○真是個好人呢 ^^」

一邊叫對方的名字一邊稱讚他是一般人際關係的基本守則，所有的心理學家都會贊同妳這麼做。這樣傳過去的話，男生也會把妳的名字放進簡訊中然後回覆：

「○○人也很好呀！」

收到這類的訊息時，就不要再用文字聊下去了，用一個表情貼圖結尾就好了。

（害羞的表情貼圖）

我相信大家都知道某些 Line 表情貼圖是想表達什麼意思。

差不多到了晚上，男生就會再次傳 Line 訊息過來。

「妳下班了嗎？今天一整天辛苦了！晚上好好休息喔。」

妳會收到類似這樣的訊息，這時候可以試著這樣回答：

「不會啦，一點都不辛苦。^^ 因為有一個這麼關心我的○○呀。」

一定會有女生質疑我的建議。

「這樣不會太直接嗎？」

如果覺得這樣的內容很直接，乾脆就不要勾引男生啦。女生最不好的心態就是即使知道對方喜歡自己，還要欲擒故縱，這樣只是白白浪費時間。如果要男生積極追求妳並趕快告白的話，就要明確表示妳的意願。世界上沒有「不用說就知道妳在想什麼」的人。雖然不用到「我愛你」的程度，至少也要明白地說出「我喜歡你」，男生才會採取行動。尤其年紀越大的男生越是如此，至少也要釋放出訊息讓他覺得「這個女生不討厭我，她應該覺得我還不錯。」

接著在星期二中午吃飯時間，再傳個 Line 訊息過去吧！

「○○，吃過午餐了嗎？我有一件事想問問你，因為我以前從來沒這樣過……，我不知道你能不能接受……，因為你年紀比我大，我可以直接叫○○哥嗎？」

男生會回答什麼呢？大部分會笑著說我知道了然後答應你，這時候趕快再傳一則訊息：

「我知道了○○哥 ^^」

然後要再強調一次：

**「我本來是個不太跟男生搭話的人，但是不知道為什麼，特別想跟你親近一點。」**

這是女生必備的戀愛祕訣。男人天生就有競爭意識，如果知道自己比其他男性還要優秀就會相當得意，這就是男人本性。我要再次叮嚀女生，要多了解男生的心理並且靈活運用。說到這裡肯定有女生會反問我：

「如果還認識不久，男生就說不用說話太拘束，該怎麼才好呢？」

這種男生通常是花花公子或壞男人的類型，大部分交過

很多女朋友的男生都會先提議說：「輕鬆一點說話吧！○○妳對我說半語[4]就好啦！」這時候不要驚慌，只要依照上述的內容加以應用回答就好了。

「我本來不是這樣的人，但是不知道為什麼○○你說的話我特別聽得進去，我自己也覺得好奇怪，那麼我就直接叫你哥哥，沒關係吧？」

此外，就算他說可以說半語，但是只要他年紀比妳大，最好還是用敬語比較安全。各位女生，請不要再追問：「不是應該要兩性平等嗎？」尊重年紀比較大的人本來就是天經地義的事。

現在是時候去約會了！是該見面了吧？雖然每天都在互傳訊息，但是男生如果一直不先提出見面的邀約，豈不是像「白開水」一樣乏善可陳？萬一男生到星期四都還沒提出邀約，妳就要自己從 Line 對話中誘導他。

「○○哥你假日要做什麼呀？」

「目前還沒有計畫……」

---

4　韓文的語法因使用的對象有長幼、輩份、親疏等的差異，有敬語、半語的分別，敬語用在和長輩或初次見面時使用，半語則是對年齡比自己小的後輩，或彼此很熟悉的朋友間使用。

「跟我一樣。」

都已經做到這個地步，男生還是沒有提出邀約呢？這有兩種可能，一種是現在沒錢，一種是目前還有沒計畫是騙人的。男生主動先聯絡又加上每天都在 Line 聊天，正常來說男生都會向女生提出邀約。

「我們星期六要做什麼好呢？」或「週末要一起看電影嗎？」

這時候女生必須注意一件事：

「這種事當然是○○哥你要想啊 ^^」

「當然是男生要做準備呀 ^^」

當妳這麼說的時候，儘管妳之前表現得再好也全都毀了，等於就是一瞬間前功盡棄。男生這麼問的理由很簡單，是真的不知道要做什麼，或是真的想好好表現給妳看。

既然如此，怎麼回答比較好？

**「可以跟○○哥在一起，就算只是喝杯咖啡也很開心。」**

當女生這樣說的時候，有哪個男生會真的喝杯咖啡就好？雖然是婉轉地表達出你自己看著辦，這樣說是不是就好

聽多了？偏偏很多女生容易在這個時候出錯。

「最近好像沒有什麼電影好看。」

女人啊，妳究竟在想什麼，怎麼會說出這種話？不要忘記妳的目的是什麼，妳現在的身分是要誘惑男生，說出這句話要男生該如何是好？即使對方是優先考慮舞台劇或音樂劇的男生也一樣。這些都是男生精心準備的行程，妳必須要先站在男生的立場想想再說話，

「妳看過那部舞台劇了嗎？」「妳覺得那齣音樂劇怎麼樣？」「剛上映的那部電影好看嗎？」

男生為什麼會這樣問？他只是想要跟妳一起共度這些時間而已，如果妳也想要跟他一起度過，不是應該要先說「好」嗎？接下來，最多人選擇的約會模式就是看電影，一起吃個飯再去看電影或看完電影再一起吃飯，大部分是男生買電影票，女生就買爆米花、飲料，這是不成文的默契。

接著來談談看電影時要注意的事項。和他一起看電影時，肢體接觸可以到牽手的程度，雖然這應該是正式交往後才會做的事，但既然是電影院約會了，這時候千萬不可以表現出驚嚇或馬上甩開，尤其是二十五歲以上的女生，希望妳可以好好記住，妳已經不是十幾歲的女高中生了，如果不想

被當作難搞或棘手的女生，就不要有太過激烈的反應。此外，很多男生喜歡餵女生吃爆米花，妳就順其自然接來吃就好了。並且要適時表現出情緒反應，例如電影《狼少年：不朽的愛》中，少年一個人孤零零堆雪人的場景，正是女生流下眼淚的好時機。

「好俗氣喔。」

「我一般看這種電影都哭不出來，一定要勉強哭出來才可以嗎？」

女人啊！不管時代怎麼變，男生要展現帥氣的男子氣慨，女生要展現出女人味才會有魅力，這是談戀愛的真理也是標準答案，希望妳能將這句話牢牢地記在心裡。一個很娘的男生妳感受得到他的魅力嗎？如果男生心思細膩到碎念又小心眼的程度，妳不會想罵人嗎？既然如此，為什麼身為女人的妳不去開發女人味的那一面呢？如果女生太過男人婆的話，男生也會覺得她沒有魅力。男生在同性之間就已經看到膩了，妳覺得他會想在約會時還看到同樣的人嗎？如同妳不是女同性戀所以會被有男子氣慨的他吸引，男生也一樣會被比自己還感性的女生或有女人味的女生吸引，這是很自然的現象。

而且，眼淚是表現出女生感性一面的最大武器。當電影

結束或從電影院走出來的路上，男生肯定會問妳。

「妳覺得這部電影如何呀？」

「很有趣。」或「這部電影不錯喔。」

不覺得這種回答很沒創意嗎？試著來點不一樣的回答吧！

「托〇〇哥的福才能看到這麼好看的電影，真的很謝謝你。」一邊說一邊用可愛的樣子對他九十度鞠躬。這樣一來，男生心裡不知道會有多開心呢？接下來，晚餐時間到了，在餐廳坐下後，有什麼是舉手之勞可以先做的事嗎？最基本的就是幫忙把杯子斟滿水、把湯匙跟筷子擺好，如果只是靜靜坐在餐桌前，會顯得非常沒有禮貌。

一般來說，第一次見面時這些都是男生要做的，但是第二次見面的時候，最好是換女生做這些事比較妥當。一邊用餐一邊幫忙夾菜，將好吃的小菜放到靠近他的位置，如果氣氛允許的情況下，可以試著餵他吃看看。還有一個重點：

**由妳來結帳。**

如果能在男生不知情的情況下結帳更好。提前去化妝室

的時候順便結帳是最自然的方法，或是趁男生去洗手間的時候妳先買單，這麼做的話，男生就會覺得妳是「有 sense 的女生」。在彼此充分的認識了解，真正成為戀人關係以後，要由男生付帳的情況很多，這正是表現出妳不同於那些女生的一種策略，男生遇到這種情況心裡會做何感想呢？

「無論如何一定要把握住這個女生啊！」

肯定會這樣想吧？可能有自尊心比較強的男生，知道女生先買單的時候會說：

「是我要付錢的，妳為什麼要這樣做？」

這時候就這樣回答就可以了。

「今天托○○哥的福才能看到這麼棒的電影，晚餐應該由我來請客才對。」

如此一來男生可能會說：「要一起去喝杯酒嗎？」、「要不要去喝個調酒什麼的？」、「要不要一起去喝點啤酒？」之類的話。這時候就要鄭重的拒絕。

「下次見面的時候再請我喝酒吧～」

「下次一定要跟我一起喝一杯喔！」

像這樣留下一點神祕感才能成為有魅力的女人，請妳謹記在心。

# #第三週（15～21天）
## 召喚告白的欲擒故縱法

為什麼我會特別強調第二次見面時，吃飯的錢一定要女生來買單呢？男生就算對女生沒有什麼意思，還是會再見第二次面，如果聯誼或相親後還不太確定的話，他們會藉由第二次見面決定要 GO 或 STOP。不要老是問我「真的嗎？」妳也可以問問身邊周遭的所有男性友人。一般都會見兩次面，這也是對介紹人的一種禮貌，但是如果真的完全不喜歡的話，是絕對不會再見第三次面，所以，第二次見完面有沒有再聯絡就變成關鍵了。如果之後他仍然保持聯絡呢？那就表示他喜歡妳，至少能確定他對妳是有好感的。從現在開始可以感覺到你們之間更加親密，彼此的 Line 訊息或簡訊等聊天的頻率也越來越高，這樣應該可以放心了吧？當然不行。

**女生們，妳們最喜歡的欲擒故縱現在正要開始呢！**

有些書上會介紹一些欲擒故縱的方法，卻只有短短的一句話，例如「晚個幾分鐘再回他簡訊」、「等他先聯絡兩次再換妳聯絡一次」等。現在是在開玩笑嗎？欲擒故縱不是這

樣玩的。在開始要跟他變更親近的第三週，妳必須要包含週末連續四天和他密切的用 Line 傳訊息聊天，但是突然在接下來的兩天中看到任何訊息都不回，不管他有什麼反應也都不要回，如此一來男生就會慌亂了起來，不久後他一定會這樣問妳：

「發生什麼事了嗎？」

這時候就這樣回答吧！

「喔，沒有什麼啦，我這兩天因為生病身體不舒服，都一直躺在床上。」

「真的嗎？身體不舒服怎麼沒跟我說呢？」

「喔，我怕說了你會買感冒藥來給我，這樣我會覺得很不好意思。」

「現在身體好點了嗎？」

「明天再好好休息一天，星期六如果可以看到你的話，應該就會好了吧！」

「這樣子啊？那我們星期六要見面嗎？」

「嗯，到時候應該就沒事了。如果可以喝個涮涮鍋的熱湯再來杯酒的話，身上所有病痛好像就都會消失了！」

男生肯定會大聲說好，不喝酒的男生我就不確定了，

如果是懂得酒的滋味和微醺感的男生，一定會更加樂意的。這麼做的理由是什麼呢？那天一定要認真誘惑他讓他向妳告白，妳再接受就可以了。不是要讓他徹底愛上妳並無可自拔嗎？到了星期六當晚跟他見面一起喝酒時，女生一定要小心再小心，男生和女生單獨喝酒，心中的想法就只有一個，大家都心知肚明就是：

「我想跟她上床。」

這句話我對女生們說過無數次，這裡我還是要再囉嗦一次，喝酒一定要喝得比妳能喝的量還要少，絕對不能喝醉，不管有多喜歡他。不，如果妳真的喜歡他、真的想要他成為妳的男人的話，就絕對不可以喝醉，這是絕對要堅守住的原則。

不過，和男生在初次喝酒的場合就在一起的情況，意外地好像也不少。因為女生喜歡這個男生、氣氛也很不錯，不知不覺就喝醉了。但是就我之前的訪談結果來看，這樣在第一次喝酒的場合中喝醉的女生，通常都沒有什麼好結局。

妳知道真的像狐狸般嫵媚的女人是怎麼誘惑男人的嗎？在清醒的狀態下勾引他，然後在彼此都還保有理智的時候，帶他去隱密的地方。先簡單喝一杯啤酒或紅酒就夠了，這樣

男生才會有印象。雖然男生喝醉之後更能激發他的本能，但是對做愛的知覺卻很變很差，甚至很多時候根本記不得了。所以，當天絕對只能單純喝酒而已，就這樣留著一點遺憾，為了要回家所以不得不保持清醒，下次他才會再聯絡妳。就算對妳有什麼不軌的意圖，妳也表現出最大的誠意了，別放在心上。當天可以盡情地邊聊邊喝酒，然後在 12 點以前回家，最後傳一封簡訊給他，妳的任務就算完成了，也可以假借喝醉裝瘋賣傻一下。

「和你一起喝酒很開心，下次再一起喝酒吧～ ^^ 」

或者傳完簡訊稍微講一下電話也可以。

「你到家了嗎？方便講一下電話嗎？」

如果他收到簡訊打過來的話，不要講太久，像下面這樣說就好了。

「今天就這樣過去了，回到家覺得好捨不得喔，好想聽聽你的聲音喔，○○哥，晚安。」

接下來要介紹幾種喝酒時誘惑他的方法。在喝酒的時候，什麼是男生覺得最破壞氣氛的事？就是一開始就斬釘截鐵說自己不會喝酒的女生。即使真的不會喝酒，也試著想想，現在重要的是妳和有好感的他在一起，要怎麼說才好呢？

「坦白說我真的不會喝酒，但是我會盡全力喝看看。」

　　就算是假話也要這麼說，沒有男生會喜歡一開始就聽到不想聽的話。其他喝酒時可以做的動作，像是男生的酒杯空了就幫他倒酒，男生舉杯敬酒的時候就一起舉杯，再誇張一點，可以利用妳的筷子或叉子餵他吃下酒菜。另外，要拜託女生一件事，喝酒的時候千萬不要自顧自地講一些只有自己知道的專業知識，或是工作上的事，甚至是只有妳跟朋友間才知道的事。

　　換個立場想，假設對方是個醫生，如果喝酒的時候一直說病患的種種，妳會做何感想？一定會想就算他是個醫生，也不能完全不考慮我的感受，淨講些無聊的事，然後覺得這男生很討厭吧？同樣的道理，一定要說雙方都感興趣的話題，如果是單方面像上課一樣開講，絕對是毀滅戀情的聊天方式。其他像政治、時事、宗教等也不太好，不管妳覺得內容有多正確，講了很久卻沒有結論，只會覺得是無聊話題而已。聊明星的八卦或講某人的壞話也不好，說這些話的瞬間，他有可能會對妳感到很失望，用一句話來形容這些內容，就是既無聊又沒營養。倒不如說說妳喜歡什麼音樂、什麼類型的電影，或興趣嗜好是什麼，要是能在聊天過程中發現你們

共同的嗜好，就能再更進一步的分享。

　　當天最好要裝醉，假設妳的酒量是一瓶啤酒，那麼千萬不要忘記今天絕對不能喝完一瓶啤酒，最好在喝酒前就下定決心。女生是很感性的動物，真的醉了就會不知不覺倒下。像狐狸一般的女生不但不會讓自己喝醉，還會假裝喝醉，所以必須喝得比原本的酒量少，才能保持理智，這時需要什麼樣的演技呢？

　　男生和女生一起喝酒，會想看到女生什麼模樣？就是不做作的真實面貌，因為喝醉而不假思索露出的坦率樣子。狐狸般的女生會一邊假裝喝醉一邊誘惑男生，最基本的就是故意用和平常不一樣的聲音撒嬌，表現出性感的一面，再展現主動積極的一面。我再說得更具體一點吧！

　　首先，對男生來說最具致命吸引力的姿勢是什麼？和男生面對面坐著時，一隻手靠在桌上托著臉，這時候不要手指展開的托著臉，而是要握著拳頭或用大拇指和食指輕輕碰著下巴就可以了。

　　接下來要怎麼做呢？將視線固定在他的眼睛，一邊聽著他說話一邊用符合氣氛的表情來回應，尤其是有酒窩或有彎彎笑眼的女生，更可以好好善用這些身體語言。

另外，要怎麼做才能展現性感的模樣呢？就是一會兒放下頭髮，一會兒把頭髮綁起來。一到喝酒的地方先用髮圈將頭髮綁起來，綁成包包頭也不錯。但是喝到一半就默默地把頭髮放下來，然後利用瀏海把一邊眼睛遮住，或者是低著頭撩著散落的頭髮，接著再加上一句話就相當完美了。

「哎呀～～酒意來了……呼～～～」

還要不經意地肢體接觸，讓他覺得心裡癢癢的，等他中途去廁所回來時，對他說：

「○○哥來這裡，來我旁邊坐。」

這樣的話，男生會立刻迅速地到隔壁坐下，妳就以45度角（絕對不能一下子就黏緊緊）往他身上靠，輕輕地將手放在他的大腿上。接著和他天南地北聊天的時候，可以把手放在他肩膀、輕輕拍拍他，或者是邊笑邊小力地打他等，試圖做一些接觸。如果想要進度快一點，可以一邊摸著他手上的手錶（一邊說「天呀，你的手錶好好看喔！」），順理成章地輕輕碰到他的手。如果會看手相的話，還可以一把抓住他的手，隨口說一些有趣的事也不錯。在這種情況下，妳的舉動讓男生情緒變興奮，他可能會想摟妳的腰或想親妳。這時候絕對不可以接受，但也不可以過度嚴肅的拒絕。

「○○哥，雖然我也覺得氣氛很好，但是今天就到此為止吧！」

這樣說完，再給他一個淺淺的微笑。過一段時間再結束這次約會，最好可以在 11 點前結束，這樣從酒吧出來的時候，男生就會覺得還有一點可惜想邀妳續攤再喝一杯，但是，此時此刻絕對不能答應，只要說剛剛類似的話就可以了。

**「我是很想去啦⋯⋯但是今天真的有點不方便。」**

在剛剛第一輪的酒攤中，因為氣氛很好又有點醉的情況，再加上妳的那些舉動刺激了他，他其實很想再去續攤，然後嘗試進一步的親密接觸。這時候絕對不能答應他，也不能讓他送妳回家。這就是所謂的「打游擊戰」，今天見面的重點就是誘惑他，讓他內心留下一點可惜的感覺。

# 第四週（22～30 天）
## 誘惑之後就逃跑吧

　　已經和他喝過一次酒，也誘惑他到心癢難耐的程度了，接下來女生該採取什麼策略呢？最好的策略就是旅行。男生一定希望旅行前再約妳出來，因為上週已經有了一些肢體接觸，他認為如果再有一次機會，說不定就能加快進度，尤其妳已經表現出好像可以的感覺，這星期他一定會跟妳聯絡，並且約妳「喝一杯」，但是絕對不能答應，為什麼？從他說要再喝一次酒來看，要是無法順利進行對他來說會有多麼崩潰。

　　由女生來決定兩人何時要接吻或發生親密關係的時機比較好，如果是喝醉後發生的性關係就有點糟糕。這時候男生只是因為動物本能而貪圖女生的身體罷了，此外真的沒有其他想法。話雖如此，也不是說男生就不是真心，只是在喝醉的情況下做愛，的確是動物的本能排在愛情之前。因此，比再去喝酒更重要的就是「旅行」這張王牌，當然不是兩天一夜的旅行，我指的是在都市近郊，可以星期六當天來回的旅行。以台北市為例的話，烏來、九份平溪或宜蘭等地都很適合。

　　趁著上次喝完酒之後，就可以用 Line 或簡訊傳訊聊天，表現出「週末我想去郊外兜兜風」的心意就可以了，如果心

已經在妳身上的男生自然會大聲說好，但是一定會有很多年紀稍長的女生這樣反問：

「我的對象是二十出頭的男生，他沒有車的話該怎麼辦？」

「可是他沒有交通工具。」

我先替這些女生提供解方案吧！

## 和他約在白天出遊吧！

淡水、陽明山也好，動物園也不錯，如果是其他縣市的話，到鄰近郊區的河濱公園或步道也不錯。遠離熙來攘往的人群，或充斥吵雜音樂聲及華麗霓虹燈的市中心，轉換到悠閒的地方約會，最大的好處是他可以明顯感受到妳跟其他女生不同的地方。不論你們的個性多麼活潑外向，談戀愛的時候還是會遵循固定模式，一起吃飯、看電影、喝酒、唱歌及去夜店，類似這樣的方式。加上出了社會的男生幾乎脫離不了喝酒應酬，從原本的生活跳脫到閑靜的山林郊外，兩個人安安靜靜地四處散步，絕對是全新的體驗，「和其他女生都是喝酒跳舞，跟這個女生約會竟然有如此不一樣的體驗，這

個女生真特別呀！」因而對妳留下不一樣的印象。這就是為什麼妳要在第四週的週末要邀他一起去旅行的原因。

現在回到開車郊外旅行的戰略話題。首先，先來談談服裝的問題，絕對不能穿著過於輕便，因為不是要去爬山，也不是要運動，男生什麼時候會突然對女生失去熱情？沒有其他原因，就是當女生變醜的時候！雖然說漂亮的人不管怎麼穿都還是漂亮，但是也不能跟以往在燈光美、氣氛佳的餐廳約會打扮相差太多。這也是我個人親身經歷，可以非常肯定地告訴妳。

幾年前，我遇到一個真的長得還不錯的女生，認識沒多久跟她一起去郊外兜風，但是當我滿懷欣喜地開車到她家門口去接她的時候，我感到相當驚訝並懷疑自己是不是在做夢。她穿著一身輕便的服裝，完全看不到那天我在酒吧見到的性感形象。當時我開玩笑的對她說：

「妳要去哪裡運動嗎？」

「不是呀，你不是叫我穿輕便一點……」

雖然後來還是邊笑邊去兜風，但是那一瞬間她已經在我眼裡消失，我的心也涼了一半。所以，在男生還沒有真的很愛妳時，讓自己看起來美美的打扮得像個女人，還是相當重

要的。雖然不必穿正式服裝，但至少要穿跟第一次約會形象相符的服裝。最好事先準備提神飲料或礦泉水，然後說：

「○○哥，今天就麻煩你載我了。」

一邊說還可以一邊試著做些類似戳他的肩膀的肢體接觸。搭車時，就算他駕駛技術再怎麼差勁，也千萬不可以用咄咄逼人的口氣指責他，這是一般駕駛人開車時最討厭聽到的。假如車程超過一個小時，就算他說「妳應該累了，要不要睡一下？」也不可以真的睡著，這時請多替男生著想。到目前為止，雖然和很多女生交往過也開車兜風過無數次，但那個一直陪我聊天還剝橘子給我吃的女生才是最令我難忘的。神不知鬼不覺地牽起男生的手，並且稱讚播放的音樂很好聽，甚至不忘誇獎他駕駛技術很好，將察言觀色的能力發揮到極致，照著這樣做一兩個小時很快就過去，馬上就到達目的地了。

假設到了寂靜的森林公園，走進那裡的一瞬間就可以感嘆地說：「哇～～～～○○哥，這裡也太美了吧！」更誇張一點還可以說：「都是托○○哥的福，我才能來這裡看見這些美麗的花，真的好棒喔！」最好要說得自然不做作。尤其當妳年紀越輕，說出這類內容的效果會越好。無論如何都要說得像是第一次來到這裡的感覺，當男生看見女生因為自己

的關係而開心的模樣，他們會感到特別充實與滿足。在這裡順利地約完會後，晚餐時間還要特別注意，尤其是去海邊的情況，如果是吃生魚片或燒烤，不可避免要喝酒的話，最多只喝一瓶啤酒就好。要是在這時候喝醉，最後很容易不知道被帶到哪裡去，如此一來，就破壞了妳的一日遊計畫了。首先，妳事先就要溫柔而堅定地表明不喝酒的決心。女生們，如果不想要一瞬間前功盡棄的話，一定要注意這一點。回程的路上也是一樣。

「今天想要跟妳在一起。」

「要不要來我家喝一杯啊？」

這時候就平靜地跟他說：

「我明白你的心意，但是我也需要一點時間做心理準備。」

## 「等我們熟一點之後，再這樣吧！」

說完之後，一直等到他載妳到家門口，還有最後一件妳必須要做的事。

「○○哥，我想抱你一下。」

　　妳這麼說他當然會說好，然後給妳一個擁抱，這時候妳就在他耳邊輕輕地說：

　　「○○哥，謝謝你。」

　　如果想要再更厲害一點的話，還可以這樣說：

**「對我來說，像○○哥這樣的男生真的是第一次遇到。」**
**「○○哥對我來說真的是很特別的一個人。」**

　　這樣結尾後，就直接走進家門，此時此刻要很酷地轉身。這時候有很多女生會問一些白痴的問題，像是：

　　「我也很喜歡他，這時候接吻的話應該沒關係吧？」

　　如果這時候接吻的話，只會讓男生更興奮而已，男生的肢體接觸就像是神風特攻隊一般，只能前進無法後退，一旦開始就停不下來了，這一點大家都心知肚明，只要上了第一壘，妳的防線就會開始崩解，希望妳不要變成才認識4週就允許人家觸碰身體的隨便的女人。當天即使男生打電話來，妳不要接，也不要回覆他傳來的 Line 訊息，只要忍過當天晚上就可以了。現在，他已經完全陷入妳的魅力中無法思考其他事情了。

## 崔正的戀愛相談室
## 30 天後，可以長久相愛的祕訣

第一、一星期只見一次面。

不要因為他說喜歡妳，所以每次約妳就爽快答應，這樣一來，他不但很快就會覺得膩了，還很快就會有肢體接觸。

第二、不要太常傳 Line 訊息或講電話。

基本上，Line 訊息不要超過 20 句，通話時間也不要太久，無論如何都要在十分鐘之內結束。不過也可以有例外的時候，例如當他很辛苦或很疲累的時候、想要第一時間就得到妳的安慰，那天妳就可以好好安慰他，給他滿滿的關愛。

第三、絕對不要每次見面都做愛。

特別是在第一次做愛之後，至少要在三個星期之後才能再做第二次，畢竟物以稀為貴，不常吃才會覺得美味，親密關係也是一樣的道理，三週的時間剛好可以讓他對妳產生強烈的熱情。

第四、不要翻舊帳。

我記得在《明心寶鑑》中有一句話：「疑人莫用，用人莫疑。」意思是說「要是對這個人有所懷疑，就不要跟他一起工作；

如果要一起工作，就不要懷疑人家。」把這句話引用到戀愛的
情況，假如妳無法接受男朋友的過錯，那就不要原諒他，然後
分手吧。但是一旦妳已經原諒他了，事後就不要再把這件事拿
出來講。每次吵架的時候，都把這些已經原諒他的舊帳拿出來
講，對雙方都只有害無益。

　　第五、千萬不可以說要換男朋友這種話。
　　所謂江山易改本性難移，既然選擇了他就要包容他的一
切。萬一交往後才發現不喜歡他的某些習慣或個性，請先在心
裡面問自己「真的完全無法接受這樣的個性嗎？真的可以跟這
種個性的男生交往嗎？」如果答案是否定的，趁用情還不深的
時候，毫無留戀地離開吧！

　　第六、千萬不要想確認他有多愛妳。
　　男生一開始表現的熱情和犧牲的樣子，女生都會記得非
常清楚，就會以這個為基準來衡量，然後說「我覺得很傷心難
過」、「愛情是不是已經冷卻了」、「你有多愛我？」之類的
話，讓男生很有壓迫感。可是「倦怠期」是談戀愛的必經過程，
這種時候要讓男生覺得「世界上再也沒有比她更好的女生了」，
才能讓倦怠期過去，然後會有個東西等著妳，就是「他對你的
真愛」。

# 2. 給男生的 30 天實戰祕訣

　　要寫出給男生的 30 天實戰祕訣是一件相當不容易的事，老實說，我幾乎沒有花超過 30 天追求女生的經驗，或許你可以把我跟所謂的花花公子或壞男人畫上等號，而我只能納悶地問：「怎麼樣的女人需要花 30 天去追！？」並非世界上所有的男生都是花花公子，尤其是看著本書的你，肯定是個對談戀愛還很陌生的人。當出現看對眼的女生時，是個不知道該如何是好、找不到方法的人，沒錯吧？那麼，接下來的內容肯定會對你有很大的幫助。

　　為了寫出以下的內容，我動員身邊的所有女性朋友，請她們幫忙做問卷調查。例如初次見面的時候「怎樣的男生才會被當成男人來看待？什麼樣的男生會讓妳留下好的第一印象？會想跟什麼樣的男生再見第二次面？」等問題，就算是那些見面幾個小時後，就會強行將女生帶上床的男生；或是見面沒幾天，就讓女生就全部奉獻給自己的「戀愛之神」，他們剛起步時也是一樣的，不管做什麼都是先學會走才能

飛，不是嗎？

　　接下來是以最基本的參加聯誼的情況為例，給男生看的30天實戰說明。即使透過其他管道認識也可以套用以下的方法，或者是融合自己的必殺技巧，加以應用實行。

# #第一週（1～7天）

## 傾聽和附和

首先，必須要清楚知道女生對參加聯誼或相親的男生有什麼想法，她們肯定會異口同聲的說：

「假如長相或外型沒有非常帥，至少也要有幽默感或健談，要是這些都沒有的話，好歹也要善良乖巧或是有禮貌，才會再見一次面吧！」

假設有一位具備了長相、外型、幽默感、禮貌等，所有女生喜歡條件的男生參加聯誼的話，絕對在短時間之內就可以把到女生，可惜大部分的男生無法同時擁有這些優點，我要強調的重點不是很帥的長相、講究的外型或幽默感，而是要讓女生感覺到你們可以互相溝通、認為你是乖巧善良且有禮貌的男生。事實上只要好好保持這些部分，就已經足以讓你追到很好或還不錯的女生了。

首先，聯誼有什麼該預先準備的事項？最基本的就是聯誼的地點，一般都會選在咖啡廳見面。雖然我二十幾歲的時候還沒有什麼星巴克、西雅圖之類的咖啡店，現在應該滿街林立吧？首先把連鎖咖啡店排除在考慮範圍之外吧！這種咖啡店人多、座位又不舒服，重點是相當吵雜。即使如此，有

人還是會選擇在這類咖啡店，通常是因為交通方便，從捷運站出口到咖啡店的距離都在 30 公尺以內。

　　大部分的女生都沒有車子，對她們來說，從捷運站要走超過十分鐘才能到的地點是有多麼的不方便啊？尤其是在寒冷的冬天或炎熱的夏天，不是更令人不爽嗎？因此，不論約在安靜的義大利餐廳或特別的咖啡廳見面，一定要先確認地點離捷運站有多遠，否則就算你選了一個氣氛很好的地方，但是讓女生覺得交通不方便到達的話，就會產生「到底為什麼要把見面地點定在這麼難去的地方？」的想法。如此一來，無論出現多麼優秀的男生，都很難給他很好的分數了，因此，有很多人會利用飯店的咖啡廳。舉個簡單的例子來說，如果是住台北車站附近的女生，就可以約在君品酒店或晶華酒店；如果是住東區、信義區一帶的女生就可以約在 W Hotel 或是寒舍艾美。主要原因是不會這麼吵雜，而且也不需要預約，通常星期六下午或晚上，一些氣氛比較好的餐廳或咖啡館，都至少要在一天前就先預約，否則根本進不去。而且飯店的咖啡廳通常服務比較好、座位也比較舒適，餐飲也有一定的品質跟水準。

　　假如是有車的男生，也可以跟女生約在捷運站的幾號出

口，開車過去接她，並迅速確實地到那裡等她，再一起前往餐廳。這麼做有兩個要注意的事項，第一個是車要稍微好一點的車，至少也要是國產中小型車的等級，主要是開高級進口車的男生才會用這種方式。除了到捷運站出口接送之外，直接約在女生家附近的情況也不在少數。第二個要注意的是最好去有代客泊車的餐廳，如果一見面就要因為停車的問題繞來繞去，這不是初次見面應該要做的事。接下來就正式介紹聯誼中應該要有的對話吧！

在聯誼中有一些男生絕對不要做的舉動，像是用橡皮筋或撲克牌變魔術、一點也不好笑的 90 年代老派幽默等。因為有壓力想要展現什麼新奇的東西或想表現得有趣，就很容易犯下這樣的錯誤，反而造成反效果。

最基本的聊天話題是什麼呢？不是淨說些有關「我是怎麼樣的男生」，而是要說說「以後我會成為怎麼樣的男生」。重要的不是說你曾經做過什麼、現在正在做什麼，而是未來想要做什麼、有什麼計畫。舉例來說：

「目前在公司我只是個課長，但是希望五年後可以晉升到部長。現在公司的狀況很穩定，我的能力也獲得了一定程度的認同，差不多那個時候就可以達成目標。」

　　這就是男生的「自我炫耀」，可以讓女生感覺到他是個積極進取的男生。但是假如不是這樣的說法，而是對自己的工作交代得含糊不清，或對未來的規劃也不清不楚，女生是不會喜歡的。

　　「雖然現在是公司課長，可是我正在煩惱要不要辭職。馬上離職又不知道要怎麼過活……而且我也不知道還能做什麼工作。」

　　偶爾會有一些男生說出這種話，不知道他們是不是瘋了？難道不是為了跟女生約會而是為了做人生訪談才參加聯誼的嗎？希望你不要忘記聯誼的目的是什麼。如果滿意對方的話，一定要稱讚她，即使是眾所皆知的也要再強調一次，還有她做的精心打扮，例如化妝、衣服、鞋子、飾品等，都必須要稱讚。但是絕對不要稱讚長相或身材。

　　假設現在是初次見到她的瞬間，你正坐在座位上。

　　「這是我第一次說這種話，以前從來沒這樣講過，這件白色洋裝真的非常適合妳欸！」

　　這樣說的話，女生一般會這樣回答：

　　「我本來就很喜歡白色」或「謝謝。」

　　然後露出一點微笑或展現笑容，千萬不要再加上一些奇

怪的內容。

「我是說真的，妳穿著白色洋裝的模樣，就差沒有翅膀而已，根本就像天使一樣啊！」

這是最糟糕的說法了，過度誇張的稱讚聽起來不僅做作，也會讓人覺得是為了講而講的句子，所以最忌太過誇張的稱讚。說出這種話也會讓女生小看你，只要適當的在句子前面加點修飾就好了。

「粉紅色的唇蜜也跟白色洋裝很搭呢！妳的品味好像相當不錯耶！」

這樣才會讓女生感受到真實感，此時試著再加上一句話看看。

「害我會不自覺地會一直想偷看妳（笑）」

這樣說的話，即使女生沒有明顯的表現出來，但內心肯定是很高興的。

當然，這是在你沒有醜到會讓她想吐的前提之下。

接著繼續說明如何在聯誼中和女生聊天吧！

「妳喜歡旅行嗎？」

「旅行？當然喜歡啊！」

「那最令妳印象深刻的地方是哪裡？」

「長灘島。」

「喔～長灘島～真的很棒！」

「你有去過嗎？」

「沒有，但是光是聽人家講就聽了一百次以上，真的很羨慕耶！因為它也是我一定要去一次的觀光地。妳手機裡有當時去玩的照片嗎？」

「嗯，有呀。」

如此一來，女生不就讓你看手機裡的照片了嗎？這時候就要邊看邊讚嘆才行。

「哇！！光是照片就已經這麼美了，實際看到肯定更令人歎為觀止吧！」

尤其是有她的照片更要好好稱讚一番。

「喔～這種自然的風格也很適合妳耶！」

這時候一定要加入適當的形容詞才可以，我在「給女生的 30 天實戰祕訣」中也有提到，在這裡男生也是一樣。


**只有擅於「傾聽和附和」，才能在她心裡留下深刻印象。**


表現出正面積極的樣子並且認同女生說的話。

女人對於那些認同自己做過的事、想法或價值觀或有同感，並積極稱讚這些事物的人，就會加深好感。像這樣熱絡地聊著天，氣氛也很不錯的話，女生可能會向你提出問題。

　　「○○你喜歡怎樣的女生呢？」

　　「你的理想情人是怎樣的類型？」

　　會問這種問題就是她對你有好感的證據，要怎麼回答才能擄獲她的心呢？假如你也中意這個女生的話，就要積極地回答。

　　「○○你喜歡怎麼樣的女生呢？」

　　「如果我說像○○一樣的女生，應該聽起來像在騙人吧？」

　　對方可能會笑或者是說「唉唷～不要開玩笑了啦！」

　　這時，你就要說以下這句話：

　　「是真的……。我從剛剛就因為白色洋裝跟粉紅色唇蜜而失了魂。」

　　所謂的信賴就是從這些小事中產生出來的，把之前說過的話拿出來再說一次喚起對方的記憶，會讓人更相信它的真實性。

　　「看你這麼會說話的樣子，肯定和很多女生交往過

吧？」如果女生這樣反問你，就這樣回答：

「年輕的時候的確是跟很多女生交往過，但是當時太年輕不懂什麼是愛。後來隨著年齡增長才逐漸明白愛是什麼樣的感情，並認真考慮結婚這件事，所以我才會鄭重地拜託〇〇幫我介紹女朋友。」

與其隱瞞交過很多女朋友的事實，不如這樣結尾來轉移對方的焦點。

如果初次見面的像這樣順利的話，千萬不要說再去續攤喝個酒之類的，就這樣先分開吧！如果男生先著急，表現出死纏爛打的態度是不行的，最好在氣氛好的時候就結束，女生心裡才會覺得遺憾。氣氛如此融洽，一定可以再見面的。

假如你有車，當天就可以送她回家，展現應有的禮貌；假如沒有車，就幫她叫一台計程車，然後付足夠的車錢給司機大哥並交代說：

「司機大哥，麻煩你好好照顧這位小姐，她是我很重要的人。」

# #第二週（8～14天）

## 打動女人心的五種戀愛法則

在分開以後，身為男生的你必須先傳一些問候的簡訊。

「今天的白色洋裝加上粉紅色唇蜜，我會好好存放在我的腦海裡，回家注意安全喔 ^^」

這種程度的簡訊不僅無可挑剔還很特別，不要希望女生回什麼簡訊給你而多加一些奇怪的句子，這樣反而會有畫蛇添足的危險，就此打住就好了。如果聯誼或相親的氣氛很好的話，你就當做是多了三天的自由時間，意思是說這段時間不一定要先跟她聯絡。

假設你們是在星期六下午或晚上見面，大約下週二再跟她聯絡就可以了。

「週末過得好嗎？」

「嗯 ^^ 你好像很忙喔？」

「啊，對呀，公司突然有很多事情，不然應該早點跟妳聯絡的⋯⋯T.T 但是我還是有把妳放在心上沒有忘記喔。」

「聽到你說沒有忘了我，真是太好了～ ^^」

如果依照這種模式進行，表示她對你有興趣。還有你必須記住以下這句話。

### 「當女生越有心的時候，越喜歡用 Line 的表情貼圖。」

假如你很有自信地以為氣氛融洽，但女生可能只是基於禮貌應付你的話，會如何反應呢？

「週末過得好嗎？」

「很好～」

「啊，對呀，公司突然有很多事情，不然應該早點跟妳聯絡的⋯⋯T.T 但是我還是有把妳放在心上沒有忘記喔。」

「這也是沒辦法的事呀！」

「這個週末要做什麼嗎？」

「我跟朋友有約了。」

用這樣的方式回應，同時也表示 Game Over 了，沒有再繼續挑戰的必要了。此外，如果 Line 是已讀不回或是白天傳的訊息到了晚上都還是未讀的情況，那麼身為男人的你就瀟灑地忘記她吧！如果女生反應不錯的話，最好打鐵要趁熱，馬上問她「這個週末有空嗎？」通常女生會這樣回答：

「週末什麼時候？」

這時候千萬不可以回答「週末什麼時候都可以，我星期六或日都沒關係。」

即使是相同的意思也請換個句子表達再傳過去。

「如果○○說什麼時候要見面的話，遵守約定就是男生的工作了 ^^」

「那星期六下午可以嗎？ ^^」

「不只是星期六下午，一直到晚上的時間都可以空下來給妳喔 ^^」

要是女生答應的話，就再回傳一次訊息。

「我會認真把約會計畫表做出來讓妳檢查，到時候再跟妳聯絡喔～」

傳完之後，等到隔天星期三再傳訊說看完電影一起吃晚餐的內容給她吧！

一定會有男生反問說「什麼嘛～你說的約會計畫表，結果是指看電影跟吃晚餐啊？」從現實面來看，約會初期必備行程一定是看電影（或舞台劇、音樂劇）和吃飯，你要做的就是在這些平凡的行程中，如何讓女生覺得你是個特別的人。

這時候電影的選擇就很重要了，請先排除太過暴力、低俗、藝術的電影吧。最好選一些既有藝術價值又有娛樂性的電影，若是選擇一些低俗下流的電影會讓她覺得你的品味也

是一樣低俗，這點要多加留意。還有晚餐真的非常重要，請事前在網路上搜尋看看吧！

在搜尋列中輸入「女生會喜歡的餐廳」、「氣氛很好的餐廳」、「適合約會的餐廳」等句子就可以了。搜尋到的情報多寡會決定這次約會的品質，這其中的差異會是天壤之別。你只需花一到兩個小時上網查詢，就可以找到很多燈光美氣氛佳適合約會的餐廳，另外，別忘了要選擇從電影院開車 20 分鐘內就能到達的地點。依照這些原則搜尋並挑選好之後，然後下載圖片再用 Line 傳給她就大功告成了。預購電影票跟預約餐廳是一定要做好的事，我就不再贅述了。如果跟她約在下星期六見面，你要事先在星期四或星期五去實地探查，看看餐廳的氣氛如何，也順便確認預約的座位在什麼樣的位置。為什麼要這麼做呢？本來以為預約的位子是窗邊座位，結果當天一到才發現窗外景致不好或被安排在廁所旁邊，不僅你自己會慌了手腳，對方可能也會覺得心情很差，要是她說「好像跟照片差很多喔？」氣氛可能就會降到最冰點。

此外，當天絕對不要約在電影院見面，最好在電影開演前一小時先見面，先喝杯咖啡、聊聊天，分享這一星期以

來發生的事，同時也別忘了一定要多稱讚她。或是聊聊待會要看的電影也可以，還可以很自然的打探到她喜歡的電影類型。

戀愛初級班的男生最容易犯的錯誤就是直接約在電影院見面，一見面就直接進去電影院，只能專心看電影，完全忘了目標是什麼，千萬別忘記電影不是重點，她才是重點。

預訂電影票的時候無論如何一定要訂三張票，進場檢查電影票的時候記得觀察女生的表情，這時候驗票員一定會問「請問是三位嗎？」，你只要回答「沒有，我是故意買三個位子的，我們只有兩位。」入座的時候一定要把空位留在女生的旁邊。一般星期六下午如果有熱門的電影上映的話，市區知名的電影院都會擠滿人，如果讓她旁邊有一個空位的話，是不是就感覺變得寬敞舒適許多？這麼做肯定又有男生會想反問我：

「那如果是預訂 VIP 包廂或訂情侶座椅不是更好嗎？」

通常有 VIP 包廂或訂情侶座椅的電影院只會上映最熱門的電影，不但選擇範圍縮小，時間也很難配合。如果訂情侶座席的話，你們不過才第二次見面，選擇情侶座反而會讓對方覺得有壓力。

　　看電影時有什麼需要做的事嗎？什麼事都不需要做，只要專心看電影就可以了。

　　萬一選了恐怖電影、髒話連篇的電影或黑道電影，覺得女生有點反感或好像生氣的話，你必須要有中場就離席的勇氣。因此，看電影的時候，要不時觀察女生的反應。還有一點，千萬不要想要有任何肢體接觸，像是牽她的手、勾肩搭背或是把兩人間的座椅扶手拉起來，通通都不可以，這些會讓原本很美好的事在一瞬間被搞砸。電影結束時，最好慢慢地走出去，等人群慢慢散去一點再離場也不遲。急著出場反而會跟人群擠成一團，甚至肩膀互相碰撞，只會把心情搞壞。此外，把爆米花或飲料的垃圾分類整理好再丟進垃圾桶吧，出乎意料地有很多女生蠻注重這方面的小細節。

　　看完電影來到了用餐時間，此時正是一邊用餐一邊展現自己、讓她留下深刻印象的關鍵時刻，以下是舉例說明。我訂定的主題是「專屬於你的戀愛觀」，到餐廳入座後，過一段時間就可以開頭說：

　　「如果我交女朋友的話，有五個一定要遵守的原則。」

　　「什麼原則？」

　　「請妳幫我做個開場白，說第一、第二這樣子。」

當你這麼說，女生一定會呵呵笑，然後幫你做開場白。

第一，「不管有什麼事情，每天一定至少打一通電話或傳 Line 給女朋友。」

附加說明，「除非是我死了或掛急診住院，不然一定做到。」

第二，「當雙方意見不合而吵架的時候，一定是我先說對不起。」

附加說明，「除非是女生在大街上賞我巴掌。」

第三，「只要是別人有過的節日或紀念日，我也一定都會慶祝。」

附加說明，「除了銀色情人節[5]之外。」

第四，「只要是我答應的事情就一定會做到。」

附加說明，「為了要遵守這些事，回家之後，我會在當天的手帳上一字一句詳細地寫下來。」

第五，「跟女朋友交往期間，我會全力以赴做到最好。」

附加說明，「不管未來是否可以開花結果，我還是想讓對方留下許多美好的回憶。」

---

5　7 月 14 日，把意中人帶回家給父母或介紹給其他長輩的日子，這一天情侶間也會互贈銀製飾品禮物。

　　類似這樣的說明就差不多了，乍聽之下可能會覺得很幼稚，事實上當女生聽到有好感的男生這樣說時，情況就大為不同了。更何況這五項原則是大部分女生所期望男朋友的樣子，尤其是曾經歷過一次戀愛失敗的女生，對第二點「當雙方意見不合而吵架的時候，一定是我先說對不起。」會感到非常心動。再者，如果女生聽到這些話已經心動的話，雖然只是第二次見面，絕對有超過七成的成功率了。

# #第三週（15～21天）
## 男人的最大武器，激發母愛

從現在開始一天都不能荒廢，每天都要跟她聯絡。為什麼？女生就是這樣的存在，因為自尊心作祟認為主動聯絡男生是一件非常丟臉事，並且會根據男生聯繫的次數來評斷對方對自己的關心程度。

但是，有些注意事項你一定要知道。

「妳在幹麼呀？」

絕對不要傳這類的訊息。星期一到五很明顯是上班日，你傳這種訊息到底是有腦還是無腦啊？雖然說 Line 這類的工具本來就充滿了變數，很難有所謂的標準答案，我還是舉個例子給大家參考。

「剛剛中午吃完飯我去了星巴克，新出的○○○咖啡還不錯喝喔 ^^」

「真的嗎？那我也要去喝喝看！」

如果收到這種回覆的話，你就用 Gifticon[6] 服務送兩杯咖

---

6　Gifticon 為串聯韓國電信服務業者所推出的電子 coupon 送禮服務。要送禮的人可以在手機 app 或登入網頁選擇咖啡、飲料或餐點等，以 SMS 傳送給對方，讓朋友點選連結下載 coupon 券，再去實體商店兌換。目前台灣也有類似的網站如 Line 酷券。

啡兌換券給她吧!

「我是體貼女生的好男人!和朋友一起去喝看看吧～」

女生就會跟你道謝或傳表示感謝的表情圖案給你,接著你再傳:

「看不到這個貼圖實際的樣子好可惜喔～」

傳這種誘導見面的訊息給她,試探女生內心的想法。

「見了面想看多少都給你看～」

「那什麼時候見面?」

「你什麼時候有空?」

「雖然我想問○○什麼時候有空,但是我覺得星期五晚上好像比較合適。」

最好確實說出一個時間,因為戀愛初級班的男生常會這樣說:

「妳說要見面我隨時都可以。」

「只要妳說見面,一定把時間空下來給妳。」

一旦男生看起來沒有價值,就不會讓女生有想擁有的慾望了。千萬不要把自己的價值貶低了!如果先把時間敲定,女生就會想「如果這天不能見面,可能就看不到他了。」自然就會照著你的話做。接下來幾天,用這種方式傳 Line 噓寒

問暖一下。然後一定要在星期四晚上 11 點 15 分到 20 分左右做一事情，為什麼一定要這個時間？因為要避開連續劇的播放時間，幾乎沒有女生會讀取這時候傳來的訊息，就算看到也會假裝沒看到，所以這段時間一定要傳這則訊息。

「可以講一下電話嗎？」

目前為止都是用簡訊聯絡，從沒有講過電話的男生忽然傳了這樣的訊息過來，女生接受的機率就會很高。如果她說打來吧，你就立刻打電話過去，用非常疲累跟非常憔悴的聲音跟她說話。

「今天真的好累喔！從早上進公司就一直在工作，現在才剛下班回到家。」

「我覺得在睡覺之前聽到○○的聲音，好像就不會那麼累了……（笑）明天見面再一起喝一杯吧～」

為什麼要用這種方式說呢？因為要激發女生的母愛，才能自然地邀請她去喝酒。


**「母愛」是在滴酒不沾的女生身上也行得通的魔力。**


那麼要去哪裡喝酒呢？場所的選定會影響整個約會的品

質。假如是二十五歲以下的女生，比較適合有包廂的酒吧；假如是二十五歲以上的女生，比較適合居酒屋或小酒館。適不適合聊天、氣氛好不好、夠不夠隱密等，都要事先打聽清楚再做決定。

至於必點的下酒菜有兩樣，一個是女生喜歡的沙拉，一個是可以當做主食的下酒菜。如果預估喝酒的時間會很長的話，加點一個湯也不錯。接下是喝酒的時候絕對不能做的舉動，只要記得不要做出「女生最討厭的事」，基本上就已經成功一半了。

**第一、不要硬勸她喝酒。**

雖然酒杯空了幫她倒酒是禮貌，但是千萬不可以說出強求她喝酒的話，而且一般幫女生倒酒只倒半杯就好。

「妳喝半杯就好～我最近沒什麼運動，如果要背○○的話我的腳會沒力（笑）」

**第二、不要表演一些蹩腳的魔術或很難笑的笑話。**

尤其是用橡皮筋或撲克牌變魔術，你知道每次看到這種俗氣的表演時，觀眾是什麼感覺嗎？「不表演會死嗎？」甚至會「什麼也不說中途就默默離場」。

還有，千萬不要為了讓女生覺得好笑，光顧著講一些自己才知道的事或很難聯想的幽默，像是自己當兵時發生的事或電玩的梗之類的話題。

### 第三、喝到有點茫的時候也不要亂摸女生。

有關肢體接觸，如果女生允許你牽手或摟腰的話就沒關係，但是用手戳戳她肚子、摸胸部或摸頭髮之類的舉動都要特別謹慎，一不小心反而會造成反效果。

現在來介紹如何在喝酒時誘惑女生的聊天法。剛開始絕對不要聊太沈重的話題，互相開開玩笑，一邊喝一邊聊一些公司或工作上比較輕鬆有趣的事，反正夜晚還很長嘛！而且喝酒遲早會醉，如果醉了氣氛只會越來越熱絡，喝到一定程度時你一定要問一個問題。

「妳知道我為什麼要約妳出來嗎？」

這時候女生的反應非常重要。假如是「我不想知道」或

「我有知道的必要嗎？」，就可以結束這個話題。但如果是「是什麼？」之類的回答，一定要先賣個關子，要是馬上就滿足她的好奇心，還有什麼樂趣？

現在開始說說你傷心的愛情故事吧！此時此刻看著本書的你，應該至少有被女生傷過一次吧？雖然已經從那次經歷中平復過來了，但是請試著說得好像心如刀割、心被撕裂般絞痛的樣子，說這段話的時候表情跟語調都很重要。雖然很可惜不能直接示範給你看，但是重點「不是說得很可憐的樣子」，而是要表現出你是真心真意愛過一個女生，再用以下的方式結尾。

「當時我就下定決心了，因為我知道這種受傷的滋味有多麼的痛，所以絕對不會讓別人受這種痛苦。」

接著把剛剛說到一半的話講完，

「我剛剛不是問妳知不知道我為什麼約妳出來？」

「對。」

「因為我覺得妳不會讓我受到傷害，所以想要認真跟妳交往看看。」

這種對話法就是間接告白，這時候假如女生反問你：

「你現在是在跟我告白嗎？」

你就這樣回答就好了。

「這個嘛～（笑）我也不知道這個算不算告白，我只是說出我的真心話而已。」

營造出氣氛之後接著說：「下週末有空嗎？我們兩個一起到郊外兜兜風吧？」這種情況下當然只會聽到「yes」啦！

# # 第四週（22 ～ 30 天）
## 30 天以前讓她就範的必殺技

在出遊之前，像平常一樣傳 Line 訊息，再每隔兩、三天通話一次，講個 30 分鐘的電話。反正大家都知道去郊外的時候，你心裡盤算的是什麼，當然也是因為喜歡她所以想跟她膩在一起、想一起去郊外放鬆一下等因素，但坦白說是不是有想進展到上床的打算？

現在就針對如何實現你的慾望來說明吧！首先，如果是兩天一夜的旅行，肯定會讓她覺得很緊張，因此必須先說明是當天來回的一日遊，然後自己訂好民宿。出發之前明確地告訴她目的地是哪裡，如果用 Line 傳目的地附近的咖啡館照片或地圖給她的話會更好，並且在出發的前一天再傳一次確認的訊息給她。

「雖然很想一直跟妳在一起，但是星期天早上已經有約了，無論如何一定會在星期六當天回來。」

反正之後就說星期天的約會取消了，就先這樣子吧！

出發前一定要先用 Line 或電話問她喜歡什麼音樂，再想辦法把這些音樂存到車內音響設定好。

雖然整體是以女生喜歡的音樂類型為主，中間可以穿插

一些夜店常播放的音樂，轉換一下氣氛也很不錯。在兩個小時以上的車程中，播放到夜店音樂的時候，可以隨著節奏扭動屁股跟用手打拍子像跳舞一般，營造出開心出遊的氛圍。出發之前還要準備好充足的飲料或咖啡、巧克力、糖果等，這些都是基本要素。

到達目的地之後，先去咖啡廳喝咖啡或簡單吃塊蛋糕或三明治墊胃，再到風景優美的地方或觀光景點一起散散步，自然地度過這些時間。等到差不多下午 2 ～ 3 點時就說要去吃午餐，然後把車開到預約好的民宿吧！到達民宿後，女生肯定會問這是怎麼回事吧？你只要這樣說就可以了。

「啊，我煩惱了很久，實在不知道要帶妳去吃什麼才好，後來決定要親自做好吃的料理給妳吃。我把一些小菜、煮湯的材料還有米全都準備好，放在後車廂帶來了，我們就在這裡做飯來吃，晚上再回家吧！」

萬一你說完之後，女生又再問一次說你在說什麼，並起了反感的話怎麼辦？

「請不要擔心，我明天一大早還有約會，今天無論如何都會趕回去！」

後車廂的食材要準備什麼比較適當呢？與其做特別的料

理，不如準備簡單的飯、湯、烤肉跟生菜，還有小菜等比較保險。現在就帶著這些材料到民宿裡面真心誠意地做料理就可以了。這時候如果女生想要幫忙的話，一定要極力的拒絕她。

「我剛剛不是說了，我想要親自做飯給妳吃呀，妳只要乖乖坐在一旁看著認真做飯的男人的背影就好了。」

這時女生會覺得世界上再也沒有比他更體貼的男人了。

**沒有男生會討厭擅長烹飪的女生，也沒有女生討厭會料理（即使沒有很厲害）的男生。**

這是絕對不變的真理，這樣做料理給她吃就已經讓女生眼睛裡滿滿都是愛心了，這時再問她「我們喝杯佐餐酒吧？」

「等一下不是還要開車嗎？」

「只喝一兩杯沒什麼啦～而且等一下晚上才要出發，到那個時候還有很充分的時間可以醒酒。為了避免這個情況發生，我連這個都準備好了喔！」

你可以邊說邊把兩瓶解酒飲料拿出來給她看。

接著，等到吃完飯也喝了兩瓶左右的酒，氣氛差不多的時候就說「啊，開了兩個多小時的車好累喔，我需要躺著休

息一下。」一邊順勢往床上躺下。幾分鐘之後就說「妳應該也累了，一起來我旁邊躺著休息吧？」要是女生狐疑地看著你，你就說「唉唷～不相信我呀？」一邊用手把她往床上拉，接下來的事就交給正在看這本書的你了。

但是請你一定要記得，如果女生強烈拒絕的話就不要勉強，只要想著以後還會有機會就好了，而且都已經進展到這一步了，下一次也就不遠了，當女生拒絕的時候，最大的禁忌就是霸王硬上弓。

「都跟著我到這裡來了，還裝什麼清純呀？」

「難道妳真的沒想過會發生這種事，就跟著進來民宿了嗎？」

當你說出這些話的瞬間，目前為止你建立起的一切，就會像沙堆一樣嘩啦啦地倒塌了。以女生的立場聽到這些話，到目前為止還算不錯的心情也全部都消失殆盡，只會覺得這個男的令人反胃。

最後還有一個小叮嚀，本書有 60 ～ 70％的讀者是 20 ～ 30 歲的女生，當你要用這個方法時，一定要先確認她是不是這類戀愛攻略的讀者，假如是的話，你就要開發自己的方式或轉換成其他方式，如果不是，也絕對不要讓她看到這本書。

**崔正的戀愛相談室**

**30 天後，可以長久相愛的祕訣**

第一、話説出口就要好好遵守。

只要你説出「我一定會這麼做！」、「我一定會那樣做！」或「什麼時候也試試看這個吧！」、「什麼時候也試試看那個吧！」這些話的時候，就不可以違背約定。光是遵守承諾就會讓人覺得你是個帥氣的男人。

第二、在星期五或星期六兩天之中選一天和女友約會！

不論是熱情的星期五或玩樂的星期六，週末是為了支撐接下來一星期的力量，用來充電的珍貴日子，這樣的日子一定要分一天給女朋友才行。

第三、紀念日或節日要好好準備。

雖然女生總是説喜歡照顧她生活小事的男生，但還是會希望在紀念日或節日時，收到值得紀念的小東西或讓人羨慕的禮物吧？

萬一男朋友只花大把鈔票在他自己想做的事、跟朋友飲酒作樂，卻連一個情侶戒指都不肯送的話，心裡有多麼淒涼和難過啊？為了提醒你那個最珍貴的人、心中的第一順位就是女朋

友，這些節日和禮物都是必須的。

第四、不要說出讓女朋友受傷的話。

尤其是吵架的時候，千萬不要說出「妳有為我做過什麼事嗎？」這種話，儘管平常約會費用或禮物的錢，你花的比女生還多，說出這種話對女生甚至對朋友來說，都是相當沒禮貌的。

就像你花費那些錢一樣，女生理解你、對你讓步、為你犧牲奉獻、付出感情等等，這些都是無法用金錢衡量的。

第五、不要打斷女朋友說的話。

前面已經提過，對女生來說能好好聆聽女生說話的男生是最性感的。如果打斷女朋友說話，然後只顧著自己講自己的，會發生什麼後果？女生就會開始找一個願意聽自己說話的人。如果你不想讓這樣的人出現，造成女朋友移情別戀，只能自己痛苦得呼天搶地的話，就好好地聽她說話吧。

第六、不要拈花惹草。

這是再天經地義不過的原則，應該無庸贅述，我就不再多做說明了。

# 第四篇

# 男女大哉問

## 30 天戀愛作戰，這時候該怎麼辦呢？

現在，請你在 2 ～ 3 個月內把能做的都做到最好，

好好地照顧她吧！

眼一閉牙一咬，就當自己是她的傭人吧！

集中精神傾聽她的呼吸，單純地只為她而活吧！

然後對她説，面對面誠實跟她説：

「我想跟妳上床。」

# Q
## 01

### 多久才可以發生第一次親密關係？

A 大家心裡不是早有答案了嗎？如果妳愛這個男人，當然是隨著妳的心做決定，這是真理也是正確答案，不是嗎？可是如果答案這麼單純的話，為什麼總有一堆女生會為了這個問題不斷地煩惱、煩惱再煩惱呢？因為男人的愛並非永久不變的。女人對男人說的那句「我愛妳」深信不疑，男人看著自己的眼光是那麼的真誠，就像天上的星星都可以摘下來似的愛著自己，所以願意為了這個男人獻出自己的真心跟身體，卻在發生肉體關係的第二天就斷了音訊。因為有太多這樣的案例，才會讓女人提出這樣的疑問。

就在幾年前，我開始觀察男生的言行舉止，根據不同的類型區分何時才能發生性關係，分別提出不同的建議。但是根據近幾年的趨勢，我認為依照年齡層來區分比較貼近現

實。假如男生是在 20 ～ 30 歲之間，建議六個月以內都不要
發生性關係。

如果男生是 30 歲以上的話，交往兩個月後就差不多要
有親密關係了，要是拖得再久一點，最後男生就會覺得疲
乏，尤其是很受歡迎、很多性經驗的男生，要是兩個月期間
費盡心思都還沒有親密關係，離開的機率就相當高。

# Q
# 02

多久才可以第一次接吻？

A 多久才能第一次接吻，並沒有所謂的公式可循。

但是有一些需要堅守的原則：第一，不可以初次見面就接吻。第二，不可以在黃湯下肚的情況下接吻。只要遵守這兩個原則就可以了。雖然有不少在喝酒時或喝完酒之後就接吻的案例，但還是想建議大家，最好不要在這種情況下接吻，因為這只是酒精作祟而已。雖然很多女生會因為這樣產生錯覺，但事實上這個男人是因為喝了酒所以才試圖親妳，並不是真心喜歡妳才如此的。肯定有很多女生會反問我「難道他會約不喜歡的女生喝酒嗎？」我就為了這些女生再說明一次吧！根據第一篇的內容，先確認他是哪種男生類型，如果是陽光型男或花花公子的話，百分之百不是真心，他們喝了酒之後，女生在他們眼裡看起來都是美麗的。

　　但是萬一是心思細膩男或草食男的話，他們會為了提出勇氣告白才喝酒，試圖親妳的話，就有可能是真心誠意的，不過，這類型的男生只佔全部男生的不到百分之二十，所以一開始就不要發生這種行為比較恰當。

　　會在喝酒之後要求接吻的男生，主要都是陽光型男或花花公子，這只是他們生理上的本能而已。要怎麼知道剛在聯誼上認識的人是不是花花公子呢？為了避免在喝酒時發生失誤，除了小心對方的行為舉止之外別無他法。

　　跟有好感的男生一起喝酒，當他試圖想要做些肢體接觸的時候，例如摸手、勾肩搭背或半開玩笑地用手戳肩膀等其他身體部位，千萬不要覺得沒什麼大不了就全盤接受，男生會認為就算進一步接吻也沒有什麼關係。女生千萬不可以掉以輕心，在被要求接吻的時候一定要懂得拒絕。

　　「那個，我覺得在人多的地方接吻有點不太自在，等只有我們兩個人的時候再接吻吧！」就用這種方式對他說吧！不過，男生很有可能會認為這代表可以跟女生去 MOTEL 或飯店甚至帶回家過夜，所以喝完酒之後，從店裡出來直接叫計程車回家就好，如果男生說要送妳回家，請直接拒絕他吧。

# Q

# 03

## 要告訴對方自己是婚前守貞主義者嗎？

**A** 當然要說清楚，但是要何時說呢？最好是妳跟他兩個人單獨喝酒的時候。妳可以問他「接受婚前親密關係？還是不接受？」事實上男女交往之後，自然而然就會想要發生性關係，雖然並非全部的男生都是如此，但是對年輕氣盛的男人來說，這些都是有了女朋友之後理所當然的事。不過，以男生的立場來說，當他聽到女朋友說「我是婚前守貞主義者喔」會有什麼感想？坦白說，會覺得超級無敵煩人。

很多案例都是一開始很喜歡對方才跟她交往，但如果前提是不能有親密關係的話，男生可能會說「這樣啊，我可以體諒妳……，沒關係啦」或「讓我來守護妳」或「我又不是因為這個才喜歡妳的」之類的話。雖然說是這樣說，時間一

久就會因此而吵架，產生不好的情緒，最後只能走上分手一途。再加上如果女生很愛男生，也很難貫徹守貞這件事。面對自己很愛的男人，如果因為自己一味的堅持造成兩人的爭執，女生也會覺得痛苦，就在某個瞬間放下所有固執，允許親密關係發生的案例也不少。

不管妳是多麼徹底的婚前守貞主義者，還是要提前讓妳知道這個事實，並建議妳要做好心理準備，提出這件事時，好好觀察男生的態度，清楚地分辨他是真心要跟妳交往？還是只是想跟妳上床而已？如果是後者的話，立刻收回對他的感情，女生最想知道的不就是這個嗎？想知道答案的話，就用這句話來測試他吧！

# Q

## 04

### 初次親密關係需要注意的事項？

**A** 問這個問題的人很多，需要遵守的原則也很多，所以我特別條列出來，希望大家好好地讀完並在事前多注意。以下是初次親密關係十誡：

1. 不要在男生家裡或女生家裡。

2. 不要在車裡。

3. 不要大白天就去 MOTEL。

4. 不要在喝醉的情況下。（只喝一兩杯紅酒或一兩瓶啤酒除外）

5. 不要學電影情節，就是打開旅館的房門，一進去的瞬間就發了瘋似的親吻並隨地亂丟衣服。

6. 做完愛之後，不要連內衣都不穿全身赤裸裸的。最好先去沖個澡，再穿著內衣出來。

7. 不要說些奇怪的話。例如「你的那個太大弄得我好痛喔～」或是「清晨做愛真是舒爽啊！」之類的話，只要保持沈默就好了。

8. 假裝很害羞吧。假如看起來像是高手或是性經驗豐富的女人，就會流於淫蕩的感覺，不管妳的性經驗有多豐富，還是處於被動狀態就好，並展現妳很害羞的演技（請記得使用保險套）。

9. 初次親密關係的夜晚最好是在 MOTEL，然後彼此相擁而睡，無論如何都要跟他一起待到天亮，早上一起起床、一起吃個早餐再道別。

10. 發生第一次親密關係後，至少要隔三週才能再發生第二次。

# Q

## 05

### 變態男的判定標準是什麼？

A雖然判定的標準很多，但是最具代表性的就是「肛交」。很多男生通常是看了 A 片之後才被點燃這方面的慾望。但是我要告訴正在看這段文字的男生們，這麼做並沒有比較好，只是白白讓女生多受罪而已。要是沒做好的話，造成肛門括約肌鬆弛，以後容易產生腹瀉或大便失禁等後遺症，感染痔瘡和性病的機率也都很高。雖然有些歐洲或美國的男性會說肛交是很一般的事，但是根據我的調查結果，真正做過的人不到百分之三十。

另外也有一些男生是偷窺狂。雖然一般人在青少年時期多少都會偷看隔壁鄰居女生洗澡，或是因為看了色情錄影帶、雜誌等而偷窺別人，問題是這些真正的偷窺狂即使年紀增長，還是無法改正偷窺的習慣。

更嚴重一點的偷窺狂會要求女生自慰給他看，或要求女生穿奇怪的內衣或角色扮演的奇裝異服。這些男生的共通點就是「喜歡看 A 片」。

此外，還有一些不正常的變態行為，例如要求人家一邊做愛一邊罵他、打他；勒著女生的脖子或把女生綁住，只做抽插的動作；使用性愛道具或滴蠟燭在身上、把食物塗抹在身體上等。假如遇到男生要求妳做上述的行為，請妳最好再三考慮清楚。有些男生不會一開始就提出變態性愛的要求，而是慢慢一點一點地要求妳，久而久之他就會認為這樣是可行的，然後在不知不覺中變本加厲。當他要求做任何不正常的行為時，一開始就要果斷地拒絕他說「不行，我不做這些事情」，必須表現出妳堅定的意志。

此外，還有一件事一定要提醒妳，有些男生會藉著留下美好回憶的名目，要求用手機或數位相機將做愛過程拍攝下來，絕對不可以答應。看似不錯的男人也會在一瞬間就變身成惡魔，我們才會在新聞報紙的社會版面上，看到報復變心情人的事件不斷上演。由於無法保障分手之後男方不會散布這些影像，而且就算到時去警察局或法院申訴，對女生造成的傷害還是難以抹滅。

# Q

## 06

### 遇到只想上床的男人該怎麼辦？

**A** 雖然一般的戀愛程序是先有心理上的契合，再來才發生生理上的結合，但是不少電影都是先有生理上的結合，才逐漸產生心理上的愛慕。例如電影《色，戒》中，大學話劇社團的女團員王佳芝（湯唯 飾）透過色誘親日派的情報特務組長易先生（梁朝偉 飾），進行暗殺他的計畫，依照原本設定接近易先生發生關係之後，她的內心卻起了巨大的變化，因為她愛上這個男人了。撇開電影情節不談，現實生活中可能發生這種情況嗎？有可能像電影一樣先有肉體關係再產生愛情的情況嗎？

發生這種事的機率可能是 0.00001%，因為這個世界上什麼奇怪的事都有可能，形形色色的人也很多，所以我不敢斷言機率完全是零。就算電影裡的佳芝跟易先生一起逃到海

外好了，即使重新改變彼此的身分，因為太喜歡和對方做愛而一起逃亡到遙遠的國度去，這樣就可以得到幸福嗎？

違反倫理之所以吸引人，就是因為違反倫理本身是個禁忌，但是當禁忌變成日常生活時，就會開始感到厭倦了。如果光是性愛的契合就能滿足的話，我也只能回答說那就好好享受吧，反正男生也是為了享受這些快樂才會到夜店找女生，既然這麼做可以達到雙贏，好像也不是什麼壞事吧？

# Q

# 07

### 有什麼方法可以接近父母離異的男人？

**A** 　無論男女，只要小時候曾經歷父母親離異，都會造成心靈上很大的傷害。然而這只是彼此和平協議後的離婚，還有更多是因為爸爸外遇或有暴力傾向，或者是經商失敗等令人難過的原因造成。在這種環境成長的男人身上，可以看到兩種截然不同的模式，第一種男生是想要趕快組織家庭，並下定決心要過著與父母不同的婚姻生活；第二種男生則是對婚姻感到害怕或否定婚姻。如果喜歡上第二種男生，有什麼對策呢？這種情況並無特別的應對方式，如果真的很喜歡他，就必須不斷說服他、不斷地跟他溝通。

　　「就算你以後經商失敗、窮途潦倒我還是會愛著你。萬一真的發生這種事，我也會想盡辦法養活你，絕對不會埋怨你。」

「你絕對有資格可以擁有美滿婚姻。」

「和我結婚的話，我一定會把你當成王子一般服侍。」

妳必須不斷對他洗腦，讓他對人生、婚姻、他個人都充滿正面積極的態度。對他來說，需要的是積極正向的能量。這種類型的男生比較內向陰沈，所以很容易被個性陽光開朗、能給予他人積極正向能量的女生所吸引，而且人與人交往久了也會越來越相像。因此，如果妳的陽光開朗、正面積極的能量無法抵過他的黑暗消極的話，就很難實現妳的願望。如果沒有把握可以不斷用陽光開朗的形象去說服他的話，不如不要開始還比較好。

# Q
# 08

### 如何知道他喜歡的女生類型？

**A** 即使是和很多女生交往過的我，也依然對一件事感到相當困惑，就是為什麼大多數的女生都不太擅長問男生問題。聯誼或相親時，就只會問一些像是「你喜歡什麼類型的女生？」，再深入一點就是問興趣或專長、週末假日都做些什麼、平常上班工作累不累等。但是，這些對於了解男生討厭什麼類型的女生，卻還是無所助益不是嗎？

一旦知道他喜歡的類型，也應該要知道他討厭什麼類型，只要不做他討厭的行為，就可以雙方都很開心地交往一陣子了。若只是因為賀爾蒙作祟激發的愛情火花，可能無法維持超過 3 個月，為了不要在這個時間點分手，想要長久地交往下去的話，一開始就得清楚地知道對方討厭的類型、無法忍受的女生類型，才是最重要的。參加聯誼或相親時，請

這樣問看看吧！

「你最討厭女生什麼樣的舉動呢？」

「交往之後，女朋友什麼樣子最令你感到厭煩？」

從男生的答案就可以感覺得出來他是什樣的人，也可以知道他和自己的個性合不合得來。

隨著年紀越來越大，更需要考慮雙方個性是否合適，尤其是參加相親的男女，如果不是為了談戀愛而是為了挑選結婚對象而來，第一優先考慮的就是對方的類型。假如不是單純追求一時的享樂，而是要尋找能夠永遠幸福快樂相處的對象，我會建議妳好好考慮這點後再決定。

假如他的優點是「很有能力」的話，妳就先撇除這點之後再做判斷；假如她的優點是「身材很好」的話，就試著先不考慮這點再來判斷。如此一來，我是否可以長久和這個人交往，就可以清楚得知了。

# Q

# 09

## 可以和前男友重新復合嗎？

**A** 如果妳同時向愛情顧問或好朋友問這個問題，相信妳會得到以下的答案。

「曾打破的碗即使重新修補，裂痕依然存在。」

「曾經背叛過一次的人，很有可能會再背叛第二次。」

雖然這是眾所皆知的道理，我還是不得不再說一次。首先，基本上兩人剛交往時，如果已經可以預測終點在哪裡的話，就不要想舊情復燃了。當妳出現「我和他恐怕無法超過3個月……」的念頭時，就不要硬著頭皮交往，萬一在交往過程中出現真正喜歡的人怎麼辦？如果只是因為寂寞或一個人無聊想要有個伴，分手也是理所當然，即使是結婚很久的夫妻，也要有一定的感情基礎才能維持長久。因此，等到自己真的把他當男人對待，並喜歡到無可自拔的時候，再跟他

交往吧，這樣才能降低分手的可能性。

儘管如此，交往後還是分手的話怎麼辦？就算再次交往也會因為同樣的理由而分開，這不就是兩人之間原本就存在的問題嗎？人是習慣的動物，所謂江山易改本性難移，在這種情況下，因為相同的原因再度分手的機率非常高，如果兩人對此都有所領悟卻還是死性不改的話，更是如此。但也有例外，不是因為彼此都看清了、對兩人的優缺點都瞭若指掌後，感到厭煩才分手，而是因為外在的因素分手。

舉例來說，假設男生是因為經濟因素或重要的考試等原因而提出分手，一段時間過去後，再次交往的可能性就非常大。當然不可能分手後過了一兩個月，所有的事情馬上就變得不一樣，而是經過一段較長的時間，可能是幾個月甚至1～2年後，等他的情況改善，才是再次交往的最佳時機。假如他先聯絡妳的話，就表示他真的長久以來都把你放在心上。

再舉另外一個例子，雖然交往很長一段時間，但因為父母反對而分手，這不是因為對彼此感到厭煩才分開，所以再次交往後，彼此的關係反而會更加緊密，這時如何說服男朋友的父母才是最大的問題。

# Q

# 10

## 男友不想結婚的心態是什麼？

A 我就不拐彎抹角直接了當地說，原因就是妳不夠有說服力。男生說的那些話中其實隱藏著他的真心。

「我不是因為討厭妳才這樣，只是對結婚這件事沒有特別的感覺。」

讓我來分析這句話背後的含意給妳聽：

「像現在這樣保持談戀愛的狀態就好了，妳不是我想要結婚的對象啦！」

「說不定是崔正你搞錯了吧？」也不用這樣質疑我。如果是我說錯的話，我以後再也不寫兩性愛情文章了！我敢這麼大膽地發出豪語，因為男人就是這樣的動物。這是當他和女生見面一兩次後，就已經認定的事實了。當下他就認定這個女生適合談戀愛、還是適合當老婆，要是被認定成談戀愛

的對象，就絕對不會變成結婚對象，男生就不會有任何想跟她結婚的想法，結婚對男生來說是不能吃虧的事，這點跟女生很不一樣。

只要將世界上的男生分成兩種類型就可以了。

「無法結婚的男生跟不想結婚的男生。」

就當做沒有任何的例外吧，妳還要理解這兩種類型之間最大的差異是什麼，無法結婚的男生是雖然想結婚但卻沒有辦法達成；不想結婚的男生則是從女人身上獲得快樂的動物。這種男生就是在等更漂亮更優秀的女生出現，並且對結婚對象的要求條件相當嚴苛，一直想著配得上自己的女生何時才會出現，把這種男生的心態想像成期待白馬王子出現的女生就可以了。

# Q

# 11

## 可以喜歡公司主管嗎？

**A** 談辦公室戀情要非常小心謹慎，假如有了喜歡的男生，但是他對自己好像沒意思的話就只能放棄。

這樣說來，針對這個問題的回答不就沒有樂趣了嗎？這個時代因為「經濟問題」而談戀愛或選擇走入婚姻的女人比比皆是，因此，在公司裡還能對主管產生純純愛慕的情感，這件事本身就很幸福了。一般人通常對主管只有受折磨和怨恨的情感而已，但是妳竟然會對他產生依戀！能這樣真的很不容易，這跟在短暫的青春歲月裡要遇見喜歡的人一樣不容易。因此，我真心希望不管用什麼方式都要表達妳的感情，最好的方法就是偷偷接近他，在當面告白之前，必須要用各種管道來打動這位主管的心。

例如，中午吃完飯後，試著對走進辦公室的主管說要去

買杯咖啡，兩人再一起到附近的便利商店或咖啡廳度過這段時間吧。在公司聚餐的時候傳 Line 訊息給主管，或是常常找他一起去什麼地方。

「課長，我們一起去便利商店買解酒飲料回來吧！」

「我要去書店一趟，課長可以陪我一起去嗎？」

「謝謝課長的招待，下次○○日子換我請客，到時候一定要一起去喔！」

不然就是聚餐結束之後，要求主管送妳回家。藉由這些行動和他變得更親近，因為他是妳的直屬上司，這樣做也不會被察覺有何異狀，所以第一件要做的就是增加兩人獨處的機會，趁著獨處時試探主管的心裡是怎麼想的。

「因為可以和課長一起出來，我真的覺得很開心呢！」

這時好好觀察他的臉部表情，只要不是太笨，當妳持續這樣試探，應該可以分辨能否繼續追求還是到此為止。此外，要是妳已經好幾次積極表現好感，但主管還是沒有主動邀約（例如我們一起看電影吧、一起吃飯吧），最好還是不要告白，先安撫自己的內心吧。如果你們真的在一起又分手的話，可能會造成哪些影響，還有就是告白前一定要觀察清楚他是不是個口風夠緊的人，雖然這些本來就該了解，但我

還是要再次提醒。另外，一定要觀察他平常如何敘述前女友的事，為什麼要觀察這些，妳應該比我還要清楚。最後，最爛的告白方式就是在聚會上喝了酒之後說：「課長，我喜歡你。」只要避免這種事情發生，其他什麼方式都可以。

## 12

**選擇我喜歡的男人而非喜歡我的男人，很笨嗎？**

我很想和提出這個問題的女生見個面，身邊的人若是對妳說「妳真的很笨」，代表什麼意思？坦白說就是「妳根本搞不清楚狀況」。如果想遇到理想的男性，無論是外貌或才能，至少要有一項脫穎而出的優點。妳難道真的不知道為什麼有這麼多的整形醫美診所？即使經濟不景氣，減肥的相關行業仍是屹立不搖？這都是因為現代女生如果不夠漂亮，很難在社會生存下去，所以有越來越多的女生會想盡辦法修飾自己的外表。妳以為那些值得妳喜歡的「優秀的男人」身邊不會有美麗女人嗎？在戀愛的市場中，不夠漂亮的女生很難生存下去。如果妳想要和喜歡的優秀男人有情人終成眷屬的話，首先要把自己變成有魅力的女人，否則不會有其他答案。

# Q

# 13

## 怎樣才能和有交往 10 年女友的他在一起？

Ａ 這個問題讓我特別感同身受，因為和我的故事非常相像。雖然不是交往 10 年，但是我有一個交往將近 2 年的女朋友，而且在這兩年間追求我的女生也不少。這些女生當中有主播、韓國選美小姐、演藝人員練習生、醫生、法官、富家千金等各式各樣的人，但是我依然沒有和女朋友分手。她既沒有專業工作背景，長相也沒有她們漂亮，身材也不比她們好，為什麼我沒有跟她分手呢？

男生長期跟一個女生在一起，就會產生所謂的「感情」，這也是夫妻之間即使沒有愛情，熱情消退後還是可以一輩子的原因。愛情雖然美好，但感情才是最偉大的。就像到國外旅行，剛到當地時會覺得很興奮、很開心，但很快就會膩了，回到家時就會有種「果然還是自己家好」的感覺。

　　雖然和新的女人約會很令人愉悅，但也是一件累人的事，因為要從頭互相了解還要給予適當的回應，從中所產生的龐大壓力，尤其是沒有任何共通點的對象，一開始可能因為新鮮感而發生性關係，此外就沒有可以彼此分享的事物了，沒有想說的話、也沒有好奇的事。假如這樣的話，當然還是那個最了解我、最能理解我、讓我感覺最舒服自在，像交情深厚的老朋友一般的女友才是最好的。因此，我建議不要碰有交往多年女友的男人比較好。即使妳展開追求攻勢順利交往了，結果他回頭找交往多年女友的機率還是非常高。這跟和有婦之夫交往，後來卻被拋棄的故事類似，他嚐過肉體的魅力之後，還是會想回到那個讓他感到像家一般安心自在的前女友身邊。如果是女方先有喜歡的男人拋棄他就另當別論，很少有男生會這麼沒有良心跟交往 10 年的女朋友說：「我們分手吧！」

　　當然也有例外，第一種情況是雖然交往了 10 年，但兩人的關係真的很不好；第二種例外情況是妳和他就如同電影或小說中所形容的「命中註定的另一半」。第一種情況大家都知道是怎麼一回事，我就不再贅述，就以第二種情形舉例說明。雖然男女的角色對調，但是超現實主義畫家薩

爾瓦多・達利（Salvador Dalí）的故事就屬這種情況。達利一輩子只痴痴愛著一個女生加拉（Gala Dalí），不過，在達利跟加拉兩人初次見面時，加拉已經是保爾・艾呂雅（Paul Éluard）的夫人並大了達利 10 歲。但是兩人一見面就明白對方就是彼此的另一半並陷入愛河，加拉一眼就能理解達利的藝術表現，於是她毅然決然地拋下丈夫保爾・艾呂雅，投向達利的懷抱，兩個人立刻就同居並相愛一輩子。

假如有女朋友的他跟妳，就像達利和加拉一樣是命中註定的話，你們的故事肯定會有所不同，即使他有老婆也是一樣，但是兩個人之間必須要有某種羈絆，不管是藝術、價值觀或人生哲學，假使沒有某種事物能將兩人緊緊繫在一起，這段關係就很難維持下去。況且遇到這種戀愛的機率比中樂透的機率要低很多，我希望妳還是考慮清楚，妳和他是不是真的值得這麼做。

# 14

## 女生在捷運裡可以主動搭訕男生嗎？

A 女生當然可以主動搭訕男生。這個時代，女生在夜店都可以主動搭話或要求併桌了，主動追求男生也不成什麼問題。那麼，還要注意什麼呢？問題就在男生可以利用這一點做不好的事。

當妳在捷運裡向男生搭話並拿出名片時，從男生的立場來看，假如妳是個長相還不錯、身材也不差的女生，男生可能會有「可以跟她玩玩」的想法產生。即使他有女朋友或有老婆也會刻意隱瞞，抱著好玩的心態說會打電話給妳，萬一他真的打來了，也不可以在短時間之內就有任何肢體接觸。搭訕本身沒有什麼大問題，搭訕之後的聯絡才是關鍵，至少要花一個月，甚至更久一點兩個月的時間來觀察他。

# Q

# 15

## 她長得不會特別漂亮卻常被追的祕訣？

A 有一種女生只要有男生在場，態度和說話的腔調就會
立刻變得跟平常完全不一樣，一般女生看到這種女生
都會說：「真令人作噁！」但是身為男生的我來看，這種女
生卻是非常有魅力，為什麼呢？

這類型的女生不管男生說什麼，她們都會給予熱烈的回
應，常常笑臉以對、附和男生說的話、裝作很嬌羞的樣子、
假裝很驚訝或是一副什麼都不懂的樣子，耍一些這類的小心
機，最重要的是超級會撒嬌。常常讓男生會有「喔，原來她
喜歡我啊，原來她對我有意思啊」的錯覺。當然她不是只有
對我一個男生這麼做，最大的問題就是她對所有的男生都會
這樣。但是男生是很單純的動物，他們並不會想這麼遠，尤
其是那種女生連瞧都不願意瞧一眼的男生，更會想要追求這

類的女生，他們通常會傻傻上鉤然後跟她告白。因為從出生到現在，從來沒有女生會這樣對自己笑，女生當然不會就這樣接受他，她只是很享受於被告白的瞬間。

送上一段我自創的名言：

「常常給予男人熱烈回應、笑容滿面的女人，身邊絕對不會缺男人。只要她不是長得像被炸彈炸過一樣醜，男人終究會拜倒在她的石榴裙下。」

事實的確如此，假如妳想要被很多男生追求，就好好觀察這類女生朋友，並且把她當成學習範本，很快就會有人追求妳了。如果照做之後，還是沒有人來追求妳的話，歡迎跟我聯絡。

# Q

# 16

**如何讓身邊圍繞著正妹的男友眼中只看得見我？**

A 這個問題很像我女朋友會問的問題，所以我更要認真回答。事實上，沒有安全感是無法避免的事，特別是他身邊常會圍繞很多漂亮的女生，只要他下定決心追那個女生，就一定能在一起，更讓人感到非常不安。

但是，越是這樣就越要相信你的男朋友。如果妳不信任他，他反而會覺得不管怎麼做妳都沒有安全感，乾脆就順著妳的想法吧，以心理學的專有名詞來解釋就是「投射性認同」，當妳看到某人，假如妳認為「那個人討厭我」，儘管他本來並不討厭妳，最後也會變得討厭妳。人是有感覺的動物，即使一句話都沒說，也可以藉由眼神感覺出他對自己的看法吧？何況是常見面的情人或夫妻間親密關係，更可以從一個小小的眼神中，就能察覺彼此的感覺。只要不是真的很

遲鈍，妳越沒安全感，妳男朋友就越能感覺到妳的不安，然後變得很不自在。要是妳這麼沒有自信，要如何和他繼續交往下去呢？

有位放任男人在外面做大事業的太太曾說過一句話：

「回到家裡他是我的老公，但是在外面，就把他想成是別人老公就好了。」

為什麼要這麼說呢？因為不管老婆怎麼擔心或不安，還是無法如願完全約束老公。即使雙方立場交換也是如此，我只能建議妳放開心胸才能迎來好運。和男朋友見面的時候，請待他如世界上獨一無二的唯一，讓他無論到哪裡都無法得到相同待遇一般，那麼就算他遇見什麼絕世美女，內心也不會動搖。

# Q

# 17

**她好像對我有好感，但是每次要約見面卻喊累，**

**到底她真正的想法是？**

A 很多不了解女生的男生都會問這樣的問題，「她好像
對我有好感」這句話看起來就是錯的。如果她的內心
真的有你的存在，根本就不會覺得累，即使真的很累也不會
習慣性地說出來。如果想確實了解她的意思，當她說這句話
時請好好觀察她的表情，如果她對每件事都感到不耐煩，並
且用不耐煩的口氣跟你說話，就可以得知了。

女人都是這樣子的，如果是為了喜歡的人、想見的人、
有好感的人，會非常樂於犧牲而且一點也不嫌棄，基本上都
有著這樣一顆純真的心。遠距離戀愛也是如此，一開始都是
男生從遠方來找女生，可是時間久了，反而變成女生找男生
的次數越來越頻繁。為什麼女生會為了見到男生願意這樣奔

波呢？雖然很累但是因為思念對方、很喜歡對方的緣故，才會如此。

因此每到週末，不管身邊的朋友如何勸阻說長途車程有多累，或是問她「是不是瘋了」拉住她時，她還是會推開朋友說：「因為喜歡他，我心甘情願。」

# Q

# 18

**第一次送禮物給想追的女生，送什麼比較適合？**

A 最多人會選擇送香水，或是睫毛膏、口紅、腮紅等化妝品。這些算是基本的禮物，如果你選擇很昂貴的東西，在還沒正式交往的情況下，反而會讓對方感到負擔；如果送的是便宜的物品又可能會被嫌棄，我推薦可以選一些輕鬆就能送她的禮物。

首先是影城 Gold Class 的電影票兩張，假如她是 20 ～ 25 歲的女生，這種程度就算無可挑剔了。之前元斌主演的電影《大叔》上映時，我就送了電影票給某個女生並且跟她說：

「聽說妳覺得元斌很帥，送妳兩張電影票，這種電影就應該跟好朋友一起去看，再一起盡情尖叫吧！」

　　如果是 25 歲以上的女生，就比較會喜歡保健食品，送一些補鐵飲品或膠原蛋白，就算很有質感的禮物了。假如你對這些化學成分有所疑慮的話，四物飲或綜合堅果等天然食品也不錯。即使不知道這些商品的效果，但只要是開始在意身體健康的女生，對這些產品都會有一定的好奇心，但又還不到自己花錢買的程度，收到這類禮物就會印象深刻。就像男生也會買一些對身體好的保養品一樣，如果是對女生皮膚好、對身體有益的話，不會有人拒絕的。

# Q

# 19

**她說我太乖乖牌有點無趣，問題出在哪裡？**

A 這是當女生對一個男生沒有什麼特別的感覺時，就會
說的經典臺詞。她感覺得到你很照顧她，也知道你很
喜歡她，問題就在她沒有把你當成男人看。既然如此，該怎
麼做才能突破這個局面呢？

首先，最重要的就是你的外型，會聽到這句話的男生，
大部分都是模範生的外表，穿著最普通的牛仔褲、格子襯衫
及運動鞋，再背著後背包，是地鐵或公車上最常見的男生。
假設長相、身高和身材這三項條件還算不錯的話，這樣穿就
無妨，但如果不是，就完全沒有其他優點了，再加上沒有戀
愛經驗，覺得只要照顧好女生就夠了，根本不懂其他的事。
因為沒有幽默感，也不懂得逗女生笑。和女生見面後淨說一
些瞎扯的事、約會行程也很無趣，才會聽到這樣的話。

　　如果男生沒有外貌的話，就必須要有特殊專長，為什麼女生會喜歡有才華的男生呢？因為見面之後可以一起度過有趣的時光。從現在開始，觀察周遭的男性朋友是否有那種在女生面前說話健談又幽默風趣的人，你如果不把他當成學習指標的話，恐怕這一輩子不管活到幾歲，都只會聽到女生對你說這句話。

# Q

## 20

**為什麼她答應一起旅行，卻拒絕親密行為？**

**A** 聽到這個問題，我只能先用大笑來回答你（笑）。如果你們已經是交往中的情侶關係，當男生提議一起去旅行時，大部分女生都會有心理準備，但是為什麼你的她會這樣拒絕你呢？理由其實很簡單。

第一種情況是她有婚前守貞的觀念，對屬於極度保守或不懂得人情世故這兩者之一的她來說，這次旅行的目的就真的只是「旅行」而已，完全沒有其他任何的想法。

第二種情況是雖然她已經做好心理準備也跟你去旅行了，但因為你表現得太過明顯反而引起她的反感。你必須要好好調整自己行動的步調，不要讓自己看起來像那種擺明了就是要「做愛」的男生，否則更難達成目的，要用「看起來像是無心般瀟灑大方」的方式一步步接近。這是我常對男生

強調的事，無論如何夜晚總是會來到，時間還很漫長。旅行時就好好享受旅行中的所有事物吧，該發生的時候到了自然就會發生。

# Q

# 21

## 我一主動她就逃跑，我退縮她就聯絡我，
## 如何才能征服喜歡欲擒故縱的她？

**A** 如果她是典型喜歡搞曖昧的八面玲瓏女，我很難告訴你什麼方法一定會成功。先從相同的情況下男女間的差異說起吧。如果是男生遇到那種留在身邊好像還好、讓給別人又有點可惜的女生，就會先交往一段時間再拋棄她。如果是女生遇到這種食之無味又棄之可惜的男生，就會選擇既不答應也不拒絕的殘酷手段，又名「漁場管理」。

但是，仔細看看這個問題，會發現這個男生還是有希望的。因為「我退縮她就聯絡我」這句話，一般來說即使是在做漁場管理的女生，也不會再次主動聯絡退縮的男生。

接下來介紹一個成功機率很高的方法，但是要非常謹慎小心進行。

　　請跟她說「我這個週末有一個聯誼（或相親）約會。」如果想更誇張一點，還可以說「有某個女生跟我告白耶」。這時，請注意絕對不能用她不但漂亮能力又好來稱讚那「某個女生」。簡單來說，就是不能把她形容得比你想追的女生還要好。「就只是說她喜歡我，想要跟我交往看看……」像這樣子輕描淡寫地帶過。這時她如果喜歡你的話，就會率先採取行動了。雖然成功機率大概只有一半，但總比煩躁地面對現在的情況好，不如牙一咬賭一把吧！

# Q

# 22

**跟她交往超過 3 個月了還不行接吻，該怎麼辦？**

**A** 關於這個問題我有個最有魄力的做法。如果你仍然非常在意，或是她說再這樣下去，就無法和你繼續交往之類的話，分手也是可以預見的結果。如果只是試圖親吻的動作或摟腰之類的肢體接觸，她都不允許的話，你這樣吐露不滿也無所助益。

現在，請你在 2 ～ 3 個月的期間內，把能做的都做到最好，好好地照顧她吧！

眼一閉牙一咬，就當自己是她的傭人，集中精神傾聽她的呼吸，單純地只為她而活，然後面對面誠實跟她說：

「我想跟妳上床。」

萬一她不能接受的話，你就果斷地宣告要分手吧！

「我以為妳對我會像我對妳一樣好……，從以前到現在

我要求過妳為我做什麼嗎？我老實地說出了我想做的事，而妳卻拒絕我了，好吧，我知道了。」

「妳根本不懂，愛不是一味的只做自己想做的事，而是要替對方著想……，好吧，我現在知道妳內心是怎麼想的了。」

說出這些話之後，就很酷地轉過身，如果這 2 ～ 3 個月中你真的對她很好的話，她肯定會想要挽留你，此時你只要做出悶悶不樂的表情，然後轉身回家就可以了。

如果你們除了親密關係的問題之外，沒有其他癥結點的話，她一定會再跟你聯絡。即使她找朋友商量也會得到「喂！這次真的是妳太過分了！」的意見，忍耐一段時間不要找她，等她自己先跟你聯絡，你就可以試著做一些親密的肢體接觸了。

# Q
# 23

我的好友無論外貌、學歷、工作都比不上我，
在女生面前卻能展現自信與魅力，要怎麼做才能像他一樣？

**A** 有次我接受電視採訪時，回答了住在哪裡的大樓、一
個月賺多少錢、開什麼車通勤等問題。當這個訪談播
出之後，有非常多男生到我的部落格留下惡意的留言，其中
最具代表性的內容如下：

「你就是因為有錢才會有女人往你身上貼！」

但是我從來沒有用錢來勾引女生，也從來沒有跟女生說
我很有錢，只不過是在約會的時候，會為了滿足女生的願望
而盡力做到最好而已。

為什麼要舉這個例子呢？那些外在看得到的東西，像是
外貌、學歷、職業等條件固然重要，而且這些條件都令人滿
意的話，就很容易就追到女生，但是這些並非全部。為什麼

無法感覺到好友的魅力呢？那是因為你以同性的觀點來看。從男生的角度來看，通常只會看到外在的條件。就像有一種女生在同性眼中不覺得漂亮、身材也不怎麼樣，卻很受歡迎；也有那種在男生眼中看起來不怎麼樣，卻相當有人氣的類型。當他跟女生兩人獨處時，他會用盡全力地對這個女生好，是個懂得站在女生的立場說話的男生。

問問你的女性朋友們，這種男生有什麼魅力，說不定可以得到更具體的情報。或是加入他和女生們的喝酒聚會一起聊天，觀察他怎麼跟女生說話、用什麼方式和女生相處、有怎樣的行為舉止，你就可以得到答案了。等喝酒喝到一定程度時，女生就會說：

「○○哥你好有魅力喔。」

「你真是個不錯的人呢！」

先以他為目標來學習，再開發自己的獨特魅力吧！

# Q

## 24

**要怎麼接近曾經在感情上受過傷的女人？**

A　前面提過要怎麼接近父母離異的男生，事實上，這兩個問題的答案有異曲同工之妙。面對這種受過傷害的人，其實沒有所謂的捷徑，因為必須長期走下去，你要先做好長期抗戰也不嫌煩的心理準備，並且堅持下去。

先要有一些行動增加她對你的信任，或不斷發動追求攻勢。你必須要無條件地認同她說的話，對於人生和婚姻也要持無限肯定的態度，唯有這樣才能讓她對你產生信任感。

所謂的創傷（trauma）是什麼呢？因為不好的記憶在心裡留下疙瘩的意思。現在的她因為那個曾給她不好的回憶的人變得無法信任男人，或認為所有男人都是髒東西，嚴重一點，會視男人為畜生並極度厭惡。揭開並化解這些部分，也是你該為她做的事，當然這些話要等你們變得比較熟時才能說。

「男生什麼樣的行為舉止最令妳討厭？」

「男生說怎樣的話或有什麼舉動，會讓妳覺得很不爽？」

當你問這些問題時，如果她回答了什麼，你就要跟她一起罵男生。說得稍微誇張一點也無妨。

「雖然我也是男生，但我真的覺得男生是很低等的動物，根本就是畜生啊，畜生。」

在這種抱怨的對話中，偶爾也會有她談自己喜歡什麼的時候，在說了 10 次討厭的事之後，至少會有 2 次說到喜歡的事吧？此時請把耳朵豎好，仔細聆聽她說的話。當她說出喜歡什麼時，好好牢記在心裡，並用行動表現你記得她說過的每一句話，從此以後她就會對你另眼相看。

我為什麼會一再強調談戀愛的時候要拋棄「真心」呢？不是要你真的按照字面上一樣沒有真心、沒有靈魂的去談。我是指如果你真心喜歡這個女生，就先不要管自己喜歡的事，而是要做她喜歡的事，同樣地，也不要做她討厭的事，只要這樣就好了。如此一來，她會在不知不覺中慢慢產生變化，總有一天她會感覺到你的真心誠意。所以才有古人說「習慣成自然」這句話。

# Q

## 25

### 如何再次挑戰曾經追求失敗的她？

**A** 首先回答「可能性」這個問題。如果跳脫男女關係來看，答案其實就顯而易見了。

中學時期總會有一種成績不好、也不擅長打架、長相平凡，在班上完全沒有存在感，甚至連名字都很難記得的同學。但是過了 10 年之後，在參加同學會的那一天，發現這位同學不但賺很多錢，外表也變得很帥，知識、人品等都非常的優秀，樣子也相當卓越出眾。當你看到這位同學時，內心是否羨慕不已呢？

為什麼我要舉這個例子？

請回想一下在她的印象中，幾年前的你是什麼樣子？把當時的樣子和現在相比，自己賺的錢比當時多或變得更有名了嗎？還是多了什麼特殊魅力？答案如果是肯定的話，我會

鼓勵你再追求她看看。

　　但如果不是呢？回到剛剛的情況，中學時期的那個沒有存在感又不討喜的同學，在 10 年後的同學會上，如果依舊看起來不討喜呢？應該會看不起他或完全不會注意到他吧？對那個女生來說也是，假如你對自己還不夠有自信的話，與其輕率地再次展開追求，不如先提昇自己吧。

# Q

# 26

## 如何挽救不好的第一印象？

А 雖然這麼說很抱歉，但我必須要告訴你無法挽救。我
平均每天都會收到一封這種提問的 E-mail，而我就會
這樣回答：

「請找其他的女生吧。」

這麼說或許有點太過無情，但總而言之這才最快的方
法。除非你們是「不得不繼續見面的關係」，才需要挽回不
好的第一印象。假如不是一起打工、在同一間公司上班、在
同一個科系念書、上同一堂課、一起執行某個企劃，或有很
多機會在固定的場合見面的話，想要有下一次的機會非常不
容易，所以我平時才會一直向男生強調：「機會只有一次。」

對於談戀愛還不甚熟悉的男生，和女生見面是處於慢慢
了解彼此的模式；但如果換成戀愛老手，初次見面就會掏心

掏肺了，因為他們無論如何，都不會和同一個女生約會超過三次。正因如此，他們才能在最短的時間內讓女生投入自己的懷抱。

　　即使如此，還是需要我的建議的話，先問你自己在初次見面時，是否不知道如何表現自己？是否不在乎自己的打扮？甚至連第一次約會要帶她去哪裡都不知道？

　　這三種狀況一定都得徹底改變，如果你符合上述的提問，請你翻回前面的篇章「女人的類型分析與攻略」、「要去哪裡才能認識好女人？」和「給男生的 30 天實戰祕訣」複習一下，所有的答案都可以在其中找到。

# Q

# 27

### 如何追求名花有主的女人？

**A** 不得不自誇一下，以前我的綽號就是「即使有守門員照樣進球得分」的前鋒（笑）。面對有守門員的女生時，有一個可以進球得分的好方法。首先，不要一開始就往球門直衝，先從關係親近的學長、要好的哥哥、弟弟或好朋友等身分開始再慢慢接近，掌握她的興趣並且表明自己也有相同興趣。重點就是先從自在、融洽的關係開始發展，做為作戰前的準備。

再漸漸了解她和交往中的男友間有什麼問題，就可以正式進入備戰狀態了，尤其要常邀請她一起喝酒，成為她的酒友甚至是人生顧問、戀愛軍師等，若能藉此找出他們之間的問題點，就可以針對這個部分集中火力攻擊。如果她說出對男友的不滿或覺得男友還有哪些不足的地方，正是絕佳的機

會！此時此刻必須要跟她同仇敵愾、附和她，甚至可以罵她男朋友。

假設當她說：「我男友每個週末都說很忙，常常都不跟我見面。」你就回：「搞什麼啊？這像話嗎？該不會是外面有小三了吧？一般腳踏兩條船的男生都會這樣說！」以這種有跡可尋的方式告訴她。

「喂！○○啊，我跟妳說，我也是男生所以很清楚男生心裡在想什麼，這傢伙週末假日還把女朋友扔在一旁就太明顯了啦，要是真的很愛女朋友，不管多忙也要見個面。」

用這種方式成為她的戀愛軍師，策略就是無條件地跟她站在同一陣線並替她說話。必須讓「我永遠站在妳這邊！」的形象深刻地留在她的腦海裡。然後慢慢表露你的心意。

「唉唷，如果我是妳男友的話，有這樣子的女朋友就算叫我每天背妳，我也願意！某人真是身在福中不知福啊！」

「和妳聊著聊著時間不知不覺就過去了，其實像妳這樣的女生，正好是我理想的類型……」

如此一來她的心就會漸漸動搖，這種比男友還會傾聽自己說話，並且跟自己站在同一陣線的男人，是不是非常有魅力呀？

【結語】

# 天下沒有白吃的午餐

撰寫本書的過程讓我感到精疲力竭，不是指生理上的疲累，而一種無法言喻的感覺。在過去的五個月中，不管和誰出去喝酒或玩樂，內心總是會惦記著這本書，而無法真正的放鬆。不曉得讀者們會不會覺得我在裝可憐，但是神經性胃炎對我來說已經是家常便飯，有時甚至還得服用抗憂鬱的藥。每到睡覺的時間，原本應該是很好入睡的情況，卻因為想著要呈現一些新觀點，無形之中產生很大壓力，常常在凌晨醒來後就輾轉難眠。

## 女生需要的是戰術，男生則是要了解女生心理

曾經聽過某個女人這樣說：

「我想要認識比我優秀的男人並和他結婚，這也算有罪嗎？」

我啞口無言。

也曾經聽過某個男人這樣說：

「我長得很醜卻想跟正妹交往，這樣也是一種罪嗎？」

我依然啞口無言。

我不想回答說是一種罪。在兩性戀愛寫作領域中佔有一定地位的我，如果說出這種話是相當失職的。

「妳當然可以認識比妳優秀的男人。」

「雖然你長相平凡還是可以和正妹交往。」

我想要告訴他們這種充滿希望的話，於是在整理這些內容的過程中，不知不覺就寫成了一本書。

人都是有慾望的，想遇到比自己優秀的人，想和擁有自己所沒有的特質的人在一起，希望對方能對待自己如同自己付出的一樣。怎麼能說慾望是一種罪呢？

因此，想要達成願望就必須要有所付出。和學習其他學問一樣，下越多功夫的話，談戀愛的實力才會更上一層樓。

藉由在部落格「瘋狂戀愛」和許多年輕男女訪談的過程中，我發現了一個與現實相反的關鍵點。一般來說，有了喜歡的人時，女生通常會問「到底他的心裡是怎麼想的？」男生則是會問「要怎麼做才能讓她趕快變成我的女朋友？」換句話說，女生好奇的是男生的心理，男生好奇的是實戰策略。

現在你理解我為何說與現實相反了吧？事實上，想要談好戀愛，對女生來說需要的是一些戰略，對男生來說則是要了解女生的心理。正因如此，我才說談戀愛也是需要下功夫的。

## 戀愛實力就算只有增加 1% 也好

雖然我總是抱著想給讀者新想法、新內容的心情寫作，但是依然有許多不足的地方，也一定有讓人難堪的部分或矛盾的內容，我才會受到惡意的指責跟批判。不過，我還是希望大家能不吝給我明確的指教，我保證在能力所及的範圍內會做到最好。

如果閱讀本書的你，戀愛實力因此而上升，就算只有 1% 也好，對身為作者的我來說就是最大的榮幸了。

最後想向一些人表達我的感謝。在先收了簽約金不得不寫這本書的情況下，我很容易亂發脾氣，但總是用愉快的心來包容我的朴智皓總編輯。寫作的過程中，為了我的健康而搬來照顧我的女友熙真。以及擔心我會以寫書為藉口而忽略了部落格，留言說會忠實等待我的「瘋狂戀愛」部落格粉絲們。我特別想對上述的人說：「我愛你們」。

崔正

**高寶書版集團**
gobooks.com.tw

新視野 New Window 204

**逆轉人生的戀愛戰略：類型分析、擬定戰略、30 天提升愛情實力**

（原書名：30天搞定你／妳要的人）

| | | |
|---|---|---|
| 作 者 | 崔正 |
| 譯 者 | 陳采宜 |
| 編 輯 | 黃薇之、賴芯葳 |
| 美術編輯 | 林政嘉 |
| 排 版 | 賴姵均 |
| 企 劃 | 何嘉雯 |

| | | |
|---|---|---|
| 發 行 人 | 朱凱蕾 |
| 出 版 | 英屬維京群島商高寶國際有限公司台灣分公司 |
| | Global Group Holdings, Ltd. |
| 地 址 | 台北市內湖區洲子街 88 號 3 樓 |
| 網 址 | gobooks.com.tw |
| 電 話 | (02) 27992788 |
| 電 郵 | readers@gobooks.com.tw（讀者服務部） |
| | pr@gobooks.com.tw（公關諮詢部） |
| 傳 真 | 出版部 (02) 27990909　行銷部 (02) 27993088 |
| 郵政劃撥 | 19394552 |
| 戶 名 | 英屬維京群島商高寶國際有限公司台灣分公司 |
| 發 行 | 希代多媒體書版股份有限公司 /Printed in Taiwan |
| 初版日期 | 2015 年 3 月 |
| 二版日期 | 2020 年 1 月 |

30일 안에 내 사람 만들기: Making lover within 30 days
Copyright © 2013 by 최정 崔正
All rights reserved.
Complex Chinese copyright © 2020 by Global Group Holdings, Ltd.
Complex Chinese language edition arranged with Borabit Cow through Eric Yang
Agency Inc.

國家圖書館出版品預行編目（CIP）資料

逆轉人生的戀愛戰略：類型分析、擬定戰略、30 天提升
愛情實力 / 崔正 作；陳采宜 譯. -- 二版. -- 臺北市：高
寶國際出版：希代多媒體發行, 2020.01
　面；　公分. --（新視野 204）

ISBN 978-986-361-787-7（平裝）

1. 戀愛心理學　2. 兩性關係

544.37　　　　　　　　　　　108022195